ÍNDICE/INDE

CAPÍTULO 1

SECCIÓN 1/SECTION 1

1.1 Vocabulario/Vocabulary

Saludos/Greetings

Hola	*Hello*
Adiós	*Goodbye*
Buenos días	*Good morning*
Buenas tardes	*Good afternoon*
Buenas noches	*Good night*
Hasta pronto	*See you soon*
Hasta mañana	*See you tomorrow*
Nos vemos	*See you later*
¿Cómo estás?	*How are you?*
¿Qué tal estás?	*How are you?*
Estoy bien	*I am good*
Muy bien	*Very good*
Mal	*Bad*
Por favor	*Please*
Gracias	*Thank you*
De nada	*You're welcome*

Presentaciones/Introductions

¿Cómo te llamas?	*What is your name?*
Me llamo...	*My name is...*
¿De dónde eres?	*Where are you from?*
Yo soy de...	*I am from...*
¿Dónde vives?	*Where do you live?*
Yo vivo en...	*I live in...*
¿Cuántos años tienes?	*How old are you?*
Yo tengo ... años	*I am ... years old*
¿Cuál es tu trabajo?	*What is your job?*
Mi trabajo es...	*My job is...*
Encantado de conocerte	*Nice to meet you (male speaker)*
Encantada de conocerte	*Nice to meet you (female speaker)*
Mucho gusto	*Nice to meet you*

Ejercicio 1/Exercise 1

Traduce a inglés./Translate to English.

1) Hola _____

2) Dónde _____

3) Mañana _____

4) Gracias _____

5) Noche _____

6) Yo _____

7) Trabajo _____

8) Adiós _____

9) Mucho gusto _____

10) Hasta pronto _____

 ## Ejercicio 2/Exercise 2

Empareja./Match.

1) ¡Hola! ¿Qué tal?   A) Ingeniero.

2) ¿De dónde eres?   B) Me llamo Carlos.

3) ¿Cómo te llamas?   C) Soy de Japón.

4) Encantado.   D) Muy bien, gracias.

5) ¿Cuál es tu trabajo?   E) Mucho gusto.

Ejercicio 3/Exercise 3

Completa las oraciones con la palabra correcta./Complete the sentences with the correct word.

Juan: ¡Hola! ¡1)_____ días!

Lucía: ¡Hola! ¿Cómo 2)_____?

Juan: Muy 3)_____, gracias. ¿Y tú?

Lucía: Bien, 4)_____.

Juan: 5)_____ de conocerte.

¡Hola! ¿Qué tal?

Lucía: 6)_____ gusto.

Juan: ¿Cuál 7)_____ tu trabajo?

Lucía: Yo 8)_____ enfermera.

Juan: Y ¿de 9)_____ eres?

Lucía: Yo 10)_____ de Argentina. Y tú, ¿de dónde eres?

Juan: Yo 11)_____ de los Estados Unidos.

Lucía: ¿12)_____ años tienes?

Juan: Yo 13)_____ veinticinco años, ¿y tú?

Lucía: Yo 14)_____ veintitrés 15)_____.

Juan: ¡Buenas noches!

SECCIÓN 2/SECTION 2

1.2 Lectura/Reading

Lee las lecturas siguientes y completa los ejercicios./Read the following short stories and complete the exercises.

Me Llamo Eduardo

Hola. Mi nombre es Eduardo Rocha. Yo tengo 5 años. Yo soy de los Estados Unidos. Yo vivo en Boston. Yo no trabajo. Yo no tengo trabajo. Yo soy estudiante. Yo estudio inglés y español.

Ejercicio 1/Exercise 1

Completa las preguntas de comprensión./Complete the comprehension questions.

1) ¿Cómo se llama?   Se llama _____

2) ¿De dónde es?   Es de _____

3) ¿Dónde trabaja?   Él trabaja./Él no trabaja.

4) ¿Dónde vive?   Él vive en _____

5) ¿Estudia Eduardo?   Sí/No.

Me Llamo Erica

Hola. Me llamo Erica. Yo tengo 10 años. Yo soy de México. Yo vivo en San Antonio. Yo no trabajo. Yo no tengo trabajo. Yo soy estudiante. Yo estudio matemáticas, ciencias, y geografía.

Ejercicio 2/Exercise 2

Traduce./Translate.

The following words are cognates. Cognates are words that are similar in English and Spanish. Use your knowledge of English to make an educated guess on the translation of the following words.

1) México   _____

2) Estudiante   _____

3) Matemáticas   _____

4) Ciencias   _____

5) Geografía   _____

Me Llamo Alejandro

Hola, me llamo Alejandro Rodríguez. Tengo 35 años. Yo soy de Argentina pero yo vivo en España. Yo soy profesor de literatura en la universidad. Mi mejor amiga se llama Amelia, ella es mi compañera de piso. Ella tiene 30 años. Ella es enfermera y trabaja en un hospital.

Ejercicio 3/Exercise 3

Completa las preguntas de comprensión./Complete the comprehension questions.

1) ¿De dónde es Alejandro?

_____

2) ¿Dónde trabaja Alejandro?

_____

3) ¿Cómo se llama la mejor amiga de Alejandro?

_____

4) ¿Cuántos años tiene la mejor amiga de Alejandro?

_____

Ejercicio 4/Exercise 4

Completa este párrafo acerca de ti./Complete this paragraph about yourself.

Hola, me llamo 1)_____. Tengo 2)_____ años. Yo soy

de 3)_____ y yo vivo en 4)_____. Yo

soy 5)_____ en 6)_____. Mi mejor amigo/a se

llama 7)_____, él/ella es 8)_____. Él/ella

tiene 9)_____ años. Él/ella trabaja en 10)_____.

SECCIÓN 3/SECTION 3

1.3 Gramática/Grammar

Las Vocales/The Vowels

In Spanish, there are 5 vowels. The name of each vowel is also the sound that it makes.

The vowels are:

A, E, I, O, U

El Alfabeto/The Alphabet

A	a	animal	
B	be	barco	
C	se	ca, co, cu	ce, ci
Ch	che	china	
D	de	dos	
E	e	elefante	
F	efe	flor	
G	ge (heh)	gato	ga, go, gu, gue, gui (ge, gi)
H	ahche	hola	'H' is always silent
I	i (ee)	isla	
J	jota (hoh-tah)	jirafa	ja, je, ji, jo, ju (ge, gi)
K	ka	kilo	
L	ele	luna	
LL	elle	llave	
M	eme	mano	

N	ene	nube	
Ñ	eñe (enye)	niño	
O	o	oso	
P	pe	patata	
Q	qu	queso	qui, que (ca, co, cu)
R	ere	pero	
RR	erre	perro	
S	ese	sal	
T	te	tú	
U	u	uva	
V	ve, uve	vaca	
W	doble u, doble v	windsurf	
X	equis	xilófono	
Y	i griega	yo	
Z	zeta	zapato	za, zo, zue (ce, ci)

 ## Ejercicio 1/Exercise 1

Deletrea tu nombre completo en voz alta./Spell your name out loud.

Ejercicio 2/Exercise 2

Deletrea las palabras siguientes en voz alta./Spell the following words out loud.

1) Hola	5) Bueno	9) Nombre	13) Años	17) Profesor
2) Día	6) Gracias	10) Alfabeto	14) Dónde	18) Español
3) Noche	7) Adiós	11) Palabra	15) Cuántos	
4) Tarde	8) Bien	12) Yo	16) Trabajo	

Ejercicio 3/Exercise 3

Pronuncia las siguientes combinaciones de vocales./Pronounce the following vowel combinations.

1) AE	5) UO	9) EO	13) II	17) UI
2) EI	6) EA	10) IU	14) OI	18) UU
3) IE	7) AI	11) AU	15) UE	
4) OU	8) IA	12) EE	16) EU	

Ejercicio 4/Exercise 4

Pronuncia estas palabras en voz alta./Pronounce these words out loud.

1) hola
2) hija
3) ahora
4) Javier

5) jamón
6) juntos
7) seguir
8) siguiente

9) seguro
10) gente
11) guapo
12) guía

13) cazo
14) taza
15) quién
16) cuándo

17) cinco
18) cuatro

 Ejercicio 5/Exercise 5

Pronuncia las palabras siguientes en voz alta./Pronounce the following words out loud.

1) Hago   Ajo
2) Pollo   Bollo
3) Carro   Caro
4) Vino   Pino
5) Coro   Corro
6) Año   Baño
7) Pesto   Pisto
8) Vaga   Baja
9) Perro   Pero
10) Casa   Caza

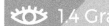 **1.4 Gramática/Grammar**

Los Pronombres Personales/Personal Pronouns

1st person singular	Yo	I
2nd person singular	Tú	You
3rd person singular	Él, ella, usted (Ud.)	He, she, you (formal)
1st person plural	Nosotros	We (male/mixed group)
	Nosotras	We (female group)
2nd person plural	Vosotros	You all (Spain, male/mixed group)
	Vosotras	You all (Spain, female group)
3rd person plural	Ellos	They (male/mixed group)
	Ellas	They (female group)
	Ustedes (Uds.)	You all

Ejercicio 1/Exercise 1

Deletrea y traduce los siguientes pronombres personales en voz alta./Spell and translate the following personal pronouns out loud.

1) Ellos   _____
2) Yo   _____
3) Tú   _____
4) Ustedes   _____
5) Él   _____
6) Ella   _____
7) Ellas   _____
8) Nosotros   _____
9) Usted   _____
10) Nosotras   _____
11) Vosotras   _____
12) Vosotros   _____

ella

Ejercicio 2/Exercise 2

Traduce a español./Translate to Spanish.

1) You all   _____
2) You (formal)   _____
3) I   _____
4) She   _____
5) We (masculine)   _____
6) They (feminine)   _____
7) He   _____
8) You (formal)   _____
9) You all (Spain, masculine)   _____
10) We (feminine)   _____
11) You all (feminine)   _____
12) They (masculine)   _____

Ejercicio 3/Exercise 3

Empareja./Match.

1) Ella y yo (feminine)	A) Él
2) Eduardo	B) Ellas
3) Juan y Miguel	C) Nosotras
4) Ana y Lucía	D) Ellos
5) Él y yo (masculine)	E) Nosotros
6) Alejandro y Eduardo	F) Él
7) Erica	G) Ellos
8) Pablo	H) Ella

1.5 Gramática/Grammar

Los Artículos Definidos/Definite Articles

In English, the definite article goes in front of a word and does not change if the noun is singular or plural. The definite article is "the." In Spanish, the definite articles mean "the" as well, however, they are either singular or plural, and feminine or masculine, depending on the noun. In general, if a word ends with an "–o" or "–e", the word is masculine. If the word ends with an "–a", "-ción", or "–ad", it is usually feminine. We will learn more about gender in Spanish shortly.
However, there are many exceptions to this rule. Words that are plural usually end in an "–s" or "–es".

Masculine, Singular: El
Masculine, Plural: Los
Feminine, Singular: La
Feminine, Plural: Las

Uses of the definite article:

With general and abstract nouns: La música (music)
With titles: El señor García (Mr. García)
With languages: El español es muy fácil. (Spanish is very easy.)
With days of the week and seasons: Yo estudio los martes. (I study on Tuesdays.)

Empareja las palabras siguientes. Presta atención en los artículos definidos. Se permite usar un traductor si sea necesario./Match the following words. Pay attention to the definite articles. You may use a translator if necessary.

1) El hospital   A) The hospital

2) El teléfono   B) The card

3) La habitación   C) The number

4) La tarjeta   D) The room

5) El número   E) The name

6) El nombre   F) The phone

1.6 Gramática/Grammar

El Género/Gender

In English, nouns are neutral (meaning having no gender). In Spanish, however, every noun must be masculine or feminine, whether object, person or animal. For all the other nouns, it is necessary to learn the proper gender.

How do we know? Follow these rules:

Sustantivos Masculinos/Masculine Nouns

Nouns that end with "-o": like "el trabajo"
Nouns that end with "-n": like "el tren"
Nouns that end with "-l": like "el nivel"
Nouns that end with "-aje": like "el viaje"
Nouns that end with "-ma": like "el problema"
Nouns that end with "-r": like "el comedor"
Days of the week: el lunes, el martes...
Months of the year: enero, febrero...
Numbers: el uno, el dos...

Sustantivos Femeninos/Feminine Nouns

Nouns that end with "-a": like "la ventana"
Nouns that end with "-d": like "la pared"
Nouns that end with "-ción": like "la canción"
Time: las dos y media

In Spanish, articles, nouns and adjectives have to agree in gender and number.

Some professions are unisex; they don't change for masculine or feminine. We are going to see that more in detail later.

With professions, usually, they end with "-ista" and "-ante".
El/la cantante
El/la artista

Many masculine nouns that end with a consonant are made feminine by adding an "-a":
El director - La directora
El señor - La señora

To create the feminine from the masculine form when the noun ends with a vowel ("-o"), the "-o" is replaced by "-a".
El ingeniero - La ingeniera

 ## Ejercicio 1/Exercise 1

Completa los sustantivos siguientes con la terminación apropiada./Complete the following nouns with the appropriate ending.

1) El chic____ es alto.

2) La montañ____ es alta.

3) El niñ____ es pequeño.

4) La escuel____ es moderna.

5) La novel____ es corta.

6) La cocin____ es pequeña.

7) El libr____ es largo.

Ejercicio 2/Exercise 2

Elige si el sustantivo es masculino o femenino según los patrones de terminación de arriba. Escribe una "M" para masculino y una "F" para femenino./Choose whether the noun is masculine or feminine based on the ending patterns above. Write an "M" for masculine and "F" for feminine.

1) El dentista _____

2) La cocina _____

3) La casa _____

4) El triunfo _____

5) El cepillo _____

6) La voluntad _____

7) El chantaje _____

8) El correo _____

9) La nación _____

10) El clima _____

el dentista

Ejercicio 3/Exercise 3

Elige el artículo masculino "el", o el artículo femenino "la", según la terminación del sustantivo./Choose the masculine article, "el" or the feminine article, "la", based on the ending of the noun.

1) _____ oso

2) _____ batalla

3) _____crimen

4) _____ poema

5) _____ papel

6) _____ carro

7) _____ red

8) _____ altar

9) _____ bondad

10) _____ puerta

11) _____ sol

12) _____ satisfacción

13) _____ salud

14) _____ pasaje

15) _____ departamento

 Ejercicio 4/Exercise 4

Completa las siguientes frases con la forma correcta de los artículos definidos "el," "la," "los," "las"./Complete the following sentences with the correct form of the definite article "el," "la," "los, "las".

1) _____ chica compra _____ sombrero y _____ joyas en _____ tienda.

2) _____ muchacho prepara _____ comida en _____ cocina.

3) _____ ríos están en la costa, _____ montañas y _____ mesetas están en el interior.

4) _____ abuela compra _____ regalo para _____ nieto.

5) _____ camarero pone _____vaso, _____ copa, _____ plato, _____ cuchara y _____ tenedor.

6) _____ periódicos, _____novelas, _____ libros y _____ enciclopedias están en _____ biblioteca.

SECCIÓN 4/SECTION 4

 1.7 Rola Respuesta Rápida

Rola Respuesta Rápida/Rola Rapid Response:

In this section, you will work on putting the things that you have learned together.

The idea is to first understand the structure, then, translate, and finally, increase your response speed.

Always begin by reading and familiarizing yourself with every word or phrase in the table - you can say the sentences out loud or write them out.

Make sure you know what the meanings are if they are not already provided.

All rapid response structures will be given to you in the correct order that you need them to make complete, correct, simple sentences.

Ejercicio 1/Exercise 1

Traduce./Translate.

¿Cómo te llamas?/What's your name?
¿De dónde eres tú?/Where are you from?

Yo soy	I am	Eduardo	*México*
Yo no soy	I am not	Juan	*Los Estados Unidos*
Yo soy de	I am from	Lucia	*Canadá*
Yo no soy de	I am not from	Alejandro	*Argentina*
		Erica	*Guatemala*

1) I am from Mexico. _____

2) I am Edward. _____

3) I am from Guatemala. _____

4) I am Alejandro. _____

5) I am not from Argentina. _____

6) I am not Lucía. _____

7) I am from the United States. _____

8) I am not from Guatemala. _____

9) I am Juan. _____

10) I am not Erica. _____

Ejercicio 2/Exercise 2

¿Cómo te llamas?/What's your name?
¿De dónde eres tú?/Where are you from?

Él/ella es	He/she is	Eduardo	*México*
Él/ella no es	He/she is not	Juan	*Los Estados Unidos*
Él/ella es de	He/she is from	Lucia	*Canadá*
Él/ella no es de	He/she is not from	Alejandro	*Argentina*
		Erica	*Guatemala*

1) He is from Mexico. _____

2) He is Edward. _____

3) She is from Guatemala. _____

4) She is Erica. _____

5) He is not from Argentina. _____

6) She is not Lucía. _____

7) He is from the United States. _____

8) She is not from Guatemala. _____

9) He is Juan. _____

10) She is not Erica. _____

Ejercicio 3/Exercise 3

Traduce./Translate.
¿Qué estudias tú?/What do you study?

Yo estudio	I study	inglés	*English*
Yo no estudio	I don't study	español	*Spanish*
		matemáticas	*Math*
		ciencias	*Science*
		geografía	*Geography*

1) I study English. _____

2) I don't study math. _____

3) I study Spanish. _____

4) I don't study geography. _____

5) I don't study English. _____

6) I don't study Spanish. _____

7) I study math. _____

8) I study geography and Spanish. _____

9) I don't study Spanish and English. _____

10) I study mathematics, Spanish, English and geography. _____

Ejercicio 4/Exercise 4

¿Qué estudia él/ella?/What does he/she study?

Él estudia	He studies	inglés	*English*
Él no estudia	He doesn't study	español	*Spanish*
Ella estudia	She studies	matemáticas	*Math*
Ella no estudia	She doesn't study	ciencias	*Science*
		geografía	*Geography*

1) He studies English. _____

2) He does not study math. _____

3) She studies Spanish. _____

4) She does not study geography. _____

5) He does not study English. _____

6) She does not study Spanish. _____

7) He studies math. _____   _____

8) She studies geography and Spanish. _____

9) He does not study Spanish and English. _____

10) She studies mathematics, Spanish, English and geography. _____

Ejercicio 5/Exercise 5

Traduce./Translate.
¿Cómo estás?/How are you?

Yo estoy	I am	Bien	*Well*
Yo no estoy	I am not	Muy bien	*Very well*
		Mal	*Badly*
		Así, así	*So, so*
		Fantástico	*Fantastic*

1) I am well. _____

2) I am not very well. _____

3) I am bad. _____

4) I am not bad. _____

5) I am so so. _____

6) I am fantastic._____

7) I am not fantastic. _____

8) I am very well. _____

9) I am not so so. _____

10) I am not well. _____

Ejercicio 6/Exercise 6

¿Cómo está él/ella?/How is he/she?

Él está	He is	Bien	*Well*
Él no está	He is not	Muy bien	*Very well*
Ella está	She is	Mal	*Badly*
Ella no está	She is not	Más o menos	*So, so*
		Fantástico	*Fantastic*

1) He is doing well. _____

2) She is not very well. _____

3) He is bad. _____

4) He is not bad. _____

5) She is fantastic. _____

6) He is so so. _____

7) She is not very well. _____

8) She is so so. _____

9) He is not fantastic. _____

10) She is not well. _____

CAPÍTULO 2
SECCIÓN 1/SECTION 1

2.1 Vocabulario/Vocabulary

Las Profesiones/Professions

El bombero/la bombera	*Firefighter*
El pintor/la pintora	*Painter*
El cocinero/la cocinera	*Cook*
El jardinero/la jardinera	*Gardener*
El profesor/la profesora	*Teacher*
El mecánico/la mecánica	*Mechanic*
El doctor/la doctora	*Doctor*
El policía/la policía	*Police officer*
El camarero/la camarera	*Waiter*
El mesero/la mesera	*Waiter*
El agricultor/la agricultora	*Farmer*
El enfermero/la enfermera	*Nurse*
El abogado/la abogada	*Lawyer*
El conductor/la conductora	*Driver*
El cartero/la cartera	*Mail carrier*
El soldado/la soldado*	*Soldier *both forms end in -o*
El vendedor/la vendedora	*Salesperson*

Write the profession under its picture./Escribe la profesión debajo de su foto.

1)

2)

3)

4)

5)

6)

7)

8)

9)

10)

11)

12)

Ejercicio 2/Exercise 2

Escribe la forma para el género opuesto de la profesión dada./Write the form for the opposite gender from the given profession.

1) El agricultor _____

2) La jardinera _____

3) El cartero _____

4) La cocinera _____

5) El mecánico _____

6) La abogada _____

7) El enfermero _____

8) La profesora _____

9) El pintor _____

10) El médico _____

11) La policía _____

12) La conductora _____

13) El bombero _____

14) La camarera _____

 Ejercicio 3/Exercise 3

Empareja./Match.

In Spanish, as in most Romance languages, there are often groups of words that are related to each other. Sometimes you can guess the meanings of words from the context.

1) El agricultor
2) La jardinera
3) El cartero
4) La cocinera
5) El mecánico
6) La abogada
7) El enfermero
8) La profesora
9) El pintor
10) El médico
11) La policía
12) La conductora
13) El bombero
14) La camarera

A) The teacher
B) The painter
C) The nurse
D) The doctor
E) The attorney
F) The police
G) The mechanic
H) The driver
I) The cook
J) The fireman
K) The mailman
L) The waitress
M) The gardener
N) The farmer

policías

Ejercicio 4/Exercise 4

Intenta adivinar el significado de la palabra./Try to guess the meaning of the word.

1) "El jardinero" is a gardener. He works in "el jardín". "El jardín" is a

_____.

2) "El cocinero" is a cook. He works in "la cocina". "La cocina" is a

_____.

3) "El médico" is a doctor. He gives patients "medicina". "Medicina" is

_____.

4) "El cartero" is a mailman. He delivers "cartas". "Cartas" are

_____.

5) "El abogado" is a lawyer. He practices "abogacía". "Abogacía" is

_____.

6) "El pintor" is a painter. He paints "pinturas". A "pintura" is a

_____.

7) "El agricultor" is a farmer. His industry is "agricultura". "Agricultura" is

_____.

> As you are learning a new language, it is helpful to learn how to expand your vocabulary, as well as how to use tools to help you translate.

Ejercicio 5/Exercise 5

Usa un diccionario o un traductor para traducir los siguientes verbos que están relacionados con profesiones./Use a dictionary or translator to translate the following verbs that are related to professions.

1) Curar _____

2) Limpiar _____

3) Trabajar _____

4) Preparar _____

5) Pagar _____

6) Pintar _____

7) Cultivar _____

8) Entregar _____

9) Ayudar _____

10) Manejar _____

SECCIÓN 2/SECTION 2

2.2 Lectura/Reading

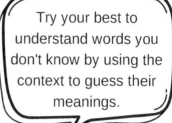

Try your best to understand words you don't know by using the context to guess their meanings.

En El Trabajo

Mi compañera de trabajo se llama Dolores. Ella es la jefa. Ella es una mujer muy importante. Nosotros trabajamos en una oficina. Por la mañana, ella habla con los otros compañeros de trabajo. Ella siempre trabaja mucho y yo ayudo a Dolores algunas veces. Después, ella prepara las reuniones con los socios de la compañía.

Rafael es un socio de la compañía. Él es un hombre muy atractivo. Dolores y Rafael hablan sobre los trabajadores de la compañía y sobre los proyectos. Ellos siempre tratan de ayudar a todos los trabajadores.

Dolores es una mujer muy inteligente e interesante y es jefa en una compañía importante y exitosa. Yo estoy muy feliz de trabajar con ella. Mis compañeros también están contentos. Todos somos amigos.

Ejercicio 1/Exercise 1

Completa las preguntas de comprensión./Complete the comprehension questions.

1) ¿Quién (who) es la jefa de la compañía?

_____

2) ¿Dónde (where) trabajan?

_____

3) ¿Qué (what) hace Dolores después por la tarde?

_____

4) ¿Cómo se llama el socio?

_____

5) ¿Cómo es Dolores? (What is Dolores like?)

_____

6) ¿Están contentos los trabajadores de la compañía?

_____

SECCIÓN 3/SECTION 3

2.3 Gramática/Grammar

Singular y Plural/Singular & Plural

To create the plural of nouns and adjectives, it will depend on their endings:

With nouns and adjectives that end with a vowel, the plural is formed by adding "s"

El libro – los libros
La mesa – las mesas

With nouns and adjectives that end with a consonant, usually the plural is formed by adding "es"

El ordenador - los ordenadores
La canción – las canciones

With words that end with "z," the plural is formed by adding "es" and "z" becomes "c"

El pez – los peces
Feliz – felices

 Ejercicio 1/Exercise 1

Haz que las palabras sean plurales. Recuerda, el artículo definido tiene que concordar con el número y género del sustantivo./Make the words plural. Remember, the definite article has to agree in number and gender with the noun.

1) El estudiante _____

2) La muchacha _____

3) El lápiz _____

4) La palabra _____

5) La luz _____

6) El año _____

7) La noche _____

8) La tarde _____

9) El hospital _____

10) La madre _____

2.4 Gramática/Grammar

El Infinitivo/Infinitive

In English, an infinitive is the most basic form of a verb. It is "to" + the verb and does not correspond with a specific person.
Examples: to run, to dance, to speak

In Spanish, an infinitive does not have the equivalent of the word "to" in front of it. Rather, each infinitive verb has a special ending. All infinitives end in one of three endings.

The endings are:

-AR, -ER, -IR

Example: Hablar, comer, vivir

Ejercicio 1/Exercise 1

Dibuja un círculo alrededor de los verbos en sus formas infinitivas./Circle the verbs in their infinitive forms.

1) Bailar   Baile   Vivo

2) Corro   Correr   Doy

3) Dar   Comen   Va

4) Ver   Digo   Pones

Ejercicio 2/Exercise 2

Agrega la terminación "-AR" a las raíces verbales para crear las formas infinitivas./Add the "-AR" ending to the verb stems to create the infinitive forms.

1) Habl _____
2) Pregunt_____
3) Apag_____
4) Prepar_____
5) Subray_____
6) Respir_____
7) Camin_____

Ejercicio 3/Exercise 3

Agrega la terminación "-ER" a las raíces verbales para crear las formas infinitivas./Add the "–ER" ending to the verb stems to create the infinitive forms.

1) Corr_____

2) Sab_____

3) Com_____

4) Ten_____

5) Pod_____

6) Aprend_____

7) Pon_____

Ejercicio 4/Exercise 4

Agrega la terminación "-IR" a las raíces verbales para crear las formas infinitivas./Add the "–IR" ending to the verb stems to create the infinitive forms.

1) Escrib_____

2) Correg_____

3) Dec_____

4) Vest_____

5) Viv_____

6) Constru_____

7) Abr_____

Ejercicio 5/Exercise 5

Traduce los infinitivos a español usando un diccionario./Translate the infinitives to Spanish using a dictionary.

1) To think _____

2) To make/do _____

3) To drive _____

4) To work _____

5) To listen _____

6) To sleep _____

7) To organize _____

8) To read _____

9) To lose _____

10) To need _____

11) To speak _____

12) To change _____

2.5 Gramática/Grammar

El Verbo "Ser"/The Verb "To Be"

In Spanish, there are two verbs that mean "to be". The first one is "ser". We use "ser" to express "to be" in a permanent sense. You should always memorize the verb with the corresponding personal pronoun.

Yo	Soy
Tú	Eres
Él, Ella, Usted	Es
Nosotros, Nosotras	Somos
Vosotros, Vosotras	Sois
Ellos, Ellas, Ustedes	Son

The verb "ser" is used when discussing the following situations:

Personality Characteristics and Physical Attributes:
 Ella es bonita y divertida. (She is beautiful and funny.)
Relationships:
 Ellos son amigos. (They are friends.)
Professions:
 Julián es abogado. (Julian is a lawyer.)
Nationalities:
 Nosotros somos de Boston. (We are from Boston.)
Possession:
 La casa es mía. (The house is mine.)
Telling Time & Dates:
 Es la una de la tarde. Hoy es el 3 de agosto. (It's 1 pm. Today is August 3rd.)

 ## Ejercicio 1/Exercise 1

Escribe el pronombre personal correcto al lado de la forma del verbo "ser" ya conjugada./Write the correct personal pronoun with the conjugated form of the verb "ser."

1) _____ es
2) _____ soy
3) _____ son
4) _____ somos
5) _____ no son
6) _____ no es
7) _____ eres
8) _____ no soy
9) _____ no somos
10) _____ no eres

Ejercicio 2/Exercise 2

Completa las oraciones siguientes con la forma correcta del verbo "ser"./Complete the following sentences with the correct form of the verb "ser".

1) Yo _____ una persona felíz.

2) Tú _____ alto.

3) Hoy _____ el 25 de noviembre.

4) Él _____ mi amigo.

5) Nosotros _____ listos.

6) Ellos _____ hermanos.

7) Ustedes _____ médicos.

8) Él _____ mi padre.

9) ¿Qué hora _____?

10) _____ las 7 de la tarde.

Ejercicio 3/Exercise 3

Completa la biografía con la forma correcta del verbo "ser"./Complete the biography with the correct form of the verb "ser".

María 1)_____ de Colombia. Ella 2)_____ directora de un colegio. Sus hijos 3)_____

Elena y Miguel. Su esposo 4)_____ Tomás, él 5)_____ vendedor de coches.

María 6)_____ rubia y muy guapa. Además ella 7)_____ muy inteligente y 8)_____

muy buena en su trabajo.

Ejercicio 4/Exercise 4

Traduce las palabras de vocabulario que encontraste en los ejercicios de arriba./Translate the following vocabulary words that you encountered in the exercises above.

1) Feliz _____

2) Alto _____

3) Noviembre _____

4) Amigo _____

5) Listos _____

6) Hermanos _____

7) Hermanas _____

8) Médico _____

9) Padre _____

10) Hora _____

hermanos

SECCIÓN 4/SECTION 4

 2.6 Rola Respuesta Rápida

Rola Respuesta Rápida/Rola Rapid Response:

In this section, you will work on putting the things that you have learned together.

The idea is to first understand the structure, then, translate, and finally, increase your response speed.

Always begin by reading and familiarizing yourself with every word or phrase in the table - you can say the sentences out loud or write them out.

Make sure you know what the meanings are if they are not already provided.

All rapid response structures will be given to you in the correct order that you need them to make complete, correct, simple sentences.

 Ejercicio 1/Exercise 1

Traduce a español usando el verbo "ser" para características permanentes./Translate to Spanish using the verb "ser" for permanent characteristics.

¿Cómo eres?/How are you? (What are you like?)

Yo	Soy	Serio/seria	Serious
Tú	Eres	Aburrido/Aburrida	Boring
Él, Ella, Usted	Es	Estúpido/Estúpida	Stupid
Nosotros, Nosotras	Somos	Altos/altas	Tall
Vosotros, Vosotras	Sois	Inteligentes	Smart, intelligent
Ellos, Ellas Ustedes	Son	Serios/serias	Serious

1) I am boring. _____

2) You are serious. _____

3) She is boring. _____

4) He is smart. _____

5) I am smart. _____

6) They are stupid. _____

7) He is tall. _____

8.) She is tall. _____

9) We are not stupid. _____

10) You all (Spain) are intelligent. _____

Ejercicio 2/Exercise 2

Traduce a español usando el verbo "ser" para relaciones./Translate to Spanish using the verb "ser" for relationships.

¿Quién es?/Who is it?

Yo	Soy	Amigo/amiga	*Friend*
Tú	Eres	Padre	*Father*
Él, Ella, Usted	Es	Madre	*Mother*
Nosotros, Nosotras	Somos	Hermanos	*Brothers*
Vosotros, Vosotras	Sois	Hermanas	*Sisters*
Ellos, Ellas Ustedes	Son	Amigos/amigas	*Friends*

1) She is my friend. _____

2) He is not my friend. _____

3) We are brothers. _____

4) They are fathers. _____

5) He is your father. _____

6) She is your mother. _____

7) They are friends. _____

8) We are mothers. _____

9) She is a sister. _____

10) We are sisters. _____

Ejercicio 3/Exercise 3

Traduce a español usando el verbo "ser" para profesiones./Translate to Spanish using the verb "ser" for professions.

¿Qué es tu profesión?/What's your profession?

Yo	Soy	Profesor	*Teacher*
Tú	Eres	Estudiante	*Student*
Él, Ella, Usted	Es	Cantante	*Singer*
Nosotros, Nosotras	Somos	Autores	*Authors*
Vosotros, Vosotras	Sois	Médicos	*Doctors*
Ellos, Ellas Ustedes	Son	Actores	*Actors*

1) She is a teacher. _____

2) They are students. _____

3) He is an author. _____

4) We are actors. _____

5) She is a student. _____

6) I am a singer. _____

7) They are not authors. _____

8) You all (Spain) are not doctors. _____

9) You are a singer. _____

10) I am a teacher. _____

¡Nosotras somos cantantes!

CAPÍTULO 3

SECCIÓN 1/SECTION 1

3.1 Vocabulario/Vocabulary

Los Vegetales/Vegetables

La zanahoria	Carrot
La lechuga	Lettuce
El tomate	Tomato
El pepino	Cucumber
La cebolla	Onion
El ajo	Garlic
El pimiento	Bell Pepper
El aguacate	Avocado
Los champiñones	Mushrooms
Los hongos	Mushrooms
El brócoli	Broccoli
Las espinacas	Spinach
Los guisantes	Green peas
Los espárragos	Asparagus
La berenjena	Eggplant
El maíz	Corn
El apio	Celery
La coliflor	Cauliflower
La calabaza	Pumpkin

Las Frutas/Fruits

La pera	Pear
La naranja	Orange
La sandía	Watermelon
La banana	Banana
El plátano	Banana
La manzana	Apple
La piña	Pineapple
La fresa	Strawberry
La cereza	Cherry
La uva	Grape
El melón	Cantaloupe
El limón	Lemon
La frambuesa	Raspberry
La mandarina	Tangerine
La papaya	Papaya
El durazno	Peach
El melocotón	Peach

Ejercicio 1/Exercise 1

Escribe el nombre de los siguientes vegetales y frutas./Write the name of the following vegetables and fruits.

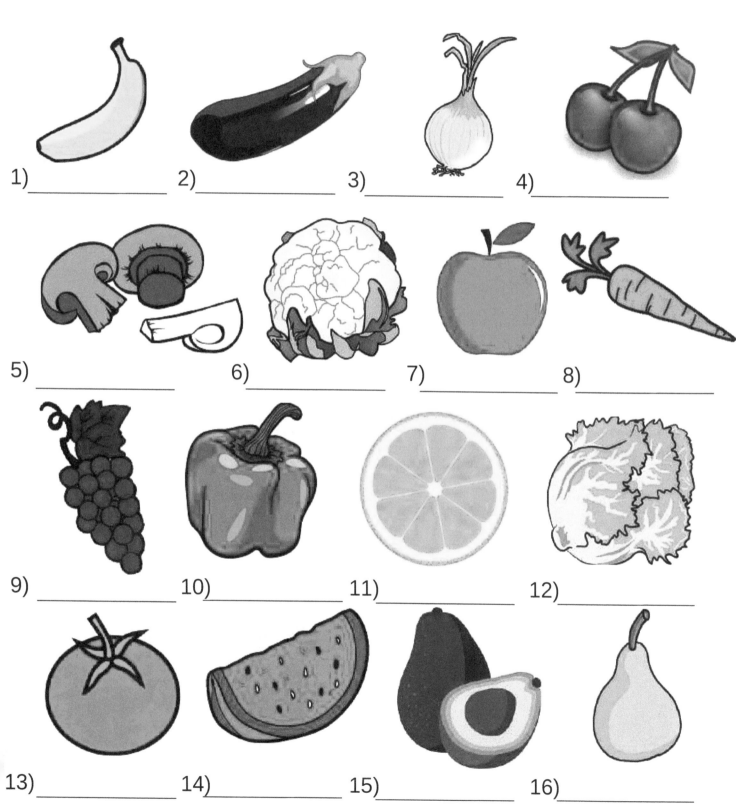

1)_____

2)_____

3)_____

4)_____

5)_____

6)_____

7)_____

8)_____

9)_____

10)_____

11)_____

12)_____

13)_____

14)_____

15)_____

16)_____

Ejercicio 2/Exercise 2

Describe 3 vegetales y 3 frutas del ejercicio previo como el ejemplo de abajo./Describe 3 vegetables and 3 fruits in the previous exercise like the example below.

Example:

Zanahoria: La zanahoria es muy sana y rica.

_____

_____

_____

_____

SECCIÓN 2/SECTION 2

> Try your best to understand words you don't know by using the context to guess their meanings.

3.2 Lectura/Reading

En El Supermercado

Hola, soy Carolina. Mi compañera de piso y yo vamos al supermercado una vez a la semana. Cada uno compra su comida.

Para mí, lo más importante son los vegetales porque son saludables. Yo siempre compro muchos tomates, lechuga, espinacas y guisantes. A mí me gustan las ensaladas. Hay un vegetal que no me gusta, es la coliflor, es muy fea y no me gusta su olor. También me encantan las frutas. Mis preferidas son las manzanas, las bananas y las peras.

A Elisa, mi compañera de piso, le gusta comprar calabazas para preparar pasteles que son riquísimos. Ella también compra berenjenas y champiñones. Algunas veces ella cocina berenjenas rellenas de champiñones. Pero, sorprendentemente, ¡no le gustan muchas frutas! Sólo come naranjas.

Ejercicio 1/Exercise 1

Completa las preguntas de comprensión./Complete the comprehension questions.

1) ¿Qué es lo más importante para Carolina?

Lo más importante _____

2) ¿Qué vegetal no le gusta (doesn't like) a Carolina?

El vegetal que no le gusta _____

3) ¿Cuáles (which) son las frutas favoritas de Carolina?

Sus frutas favoritas _____

4) ¿Qué compra Elisa para preparar pasteles?

Elisa compra _____

5) ¿Le gustan las frutas a Elisa?¿Cuál?

A Elisa le gustan _____

SECCIÓN 3/SECTION 3

3.3 Gramática/Grammar

Los Artículos Indefinidos/Indefinite Articles

Indefinite articles are used to indicate a person, place or thing in a very general sense. In English, they translate as "a," "an," or "some." In Spanish, they must agree in both gender and number with the noun.

"A", "An", "Some"

Un (masculine, singular)
Unos (masculine, plural)
Una (feminine, singular)
Unas (feminine, plural)

Ejercicio 1/Exercise 1

Escribe el artículo indefinido según el género y el número que puedes determinar del substantivo./Write the indefinite article based on the gender and number you can determine from the noun.

1) _____ tomate

2) _____ manzanas

3) _____ coliflor

4) _____ duraznos

5) _____ cebolla

6) _____ pepinos

7) _____ papa

8) _____ bananas

9) _____ frambuesa

10) _____ melones

Ejercicio 2/Exercise 2

Reescribe las frases remplazando el artículo definido con el artículo indefinido./Rewrite the sentences replacing the definite article with an indefinite article.

1) Él quiere leer la novela.

_____

2) Ellos van a comprar el coche.

_____

3) Juan tiene la maleta.

_____

4) Allá vemos el monumento antiguo.

_____

5) Ellos quieren ir a la biblioteca.

_____

6) El señor manda el paquete.

_____

7) Recibimos la carta.

_____

8) El autor escribe el poema.

_____

9) Vamos a pasar por allí por la tarde.

_____

10) Ellos quieren comprar el disco.

_____

Ejercicio 3/Exercise 3

Escribe si el artículo dado es definido (D) u indefinido (I)./Write whether the given article is definite (D) or indefinite (I).

1) _____La berenjena

2) _____El profesor

3) _____Unos calcetines rojos

4) _____Una botella

5) _____Las computadoras

6) _____Un reloj

7) _____Los espárragos

8) _____El lápiz

9) _____Unas lecciones

10) _____Unos libros

3.4 Gramática/Grammar

El Verbo "Estar"/The Other "To Be" Verb: "Estar"

The verb "estar" means "to be," usually in a temporary sense.

The verb "estar" is used when discussing the following situations:

Temporary Conditions, Feelings, Mood:
Nosotros estamos nerviosos. Ellos están felices. (We are nervous. They are happy.)

Physical Conditions:
Ellos están enfermos. (They are sick.)

Location:
La oficina está en la tercera planta. (The office is on the 3rd floor.)

Progressive Tenses:
Todos estamos estudiando español. (We are all studying Spanish.)

1st singular	Yo	Estoy
2nd singular	Tú	Estás
3rd singular	Él, Ella, Usted	Está
1st plural	Nosotros, Nosotras	Estamos
2nd plural	Vosotros, Vosotras	Estáis
3rd plural	Ellos, Ellas, Ustedes	Están

Ejercicio 1/Exercise 1

Traduce a inglés./Translate to English.

1) Yo estoy _____

2) María está _____

3) Nosotras estamos _____

4) María y Juan están _____

5) Nosotros y ellos estamos _____

6) Yo no estoy _____

7) Usted está _____

8) Ellos están _____

9) Tú no estás _____

10) Nosotros no estamos _____

Ejercicio 2/Exercise 2

Completa las frases con la forma correcta de "estar."/Complete the sentences with the correct form of verb "estar."

1) "¡Buenos días, Susana! ¿Cómo _____?" "Bien, gracias."

2) Los libros _____ en la biblioteca.

3) Mi hermana _____ embarazada; ella va a tener una niña.

4) "¿_____ usted ocupado?" – "No, yo no _____ ocupado."

5) Yo _____muy cansada.

6) "¿Dónde _____ el reloj?" – "_____ en la pared."

7) Sevilla _____ en el sur de España.

8) Ella no _____ en el colegio hoy porque _____ enferma.

Ejercicio 3/Exercise 3

Completa con el verbo "estar"./Complete with the verb "estar".

1) ¿Dónde A)_____ Ana?

- Ella B)_____ de vacaciones. Su novio y ella C)_____en México.

2) ¿Cómo A)_____?

- Yo B)_____ bien, pero Elena C)_____ enferma.

3) ¿Cómo A)_____ la sopa?

- Cuidado con la sopa, B)_____ muy caliente.

Ejercicio 4/Exercise 4

Contesta las preguntas siguientes./Answer the following questions.

1) ¿Dónde estás tú?

_____

2) ¿Cómo estás?

_____

3) ¿Dónde están los libros?

_____

4) ¿Dónde está el profesor?

_____

5) ¿Dónde está tu casa?

Mi casa _____

6) ¿Dónde está tu trabajo?

_____

 **Ejercicio 5/Exercise 5**

Traduce a español – ¡asegúrate que los adjetivos concuerden con los sustantivos!/Translate to Spanish – make sure the adjectives agree with their nouns!

1) I am sick (enfermo).

_____

2) You are angry (enfadado).

_____

3) They are sad (triste).

_____

4) She is bored (aburrido).

_____

5) They are happy (contento).

_____

6) I am in Spanish class now (ahora).

_____

7) They are in France (Francia).

_____

8) Bogotá is in Colombia.

_____

9) He is in California.

_____

10) They are at the store (tienda).

_____

11) Malden is north (norte) of Boston.

_____

12) I am on the plane (avión).

_____

👁 3.5 Gramática/Grammar

El Presente/Present Tense

The first tense you will learn is the present tense. This is the most basic tense and represents actions that are happening now or generally in the present.

Conjugación: El Presente -AR/Conjugation: Present Tense –AR

In order to speak and write properly, you must be able to conjugate a verb correctly. Conjugation is the process of taking the infinitive and modifying it according to the subject (the person doing the action).
In order to appropriately conjugate a verb, you will take the infinitive form of the verb, remove the last two letters (-AR, -ER, or -IR), and then add the ending that goes with that specific personal subject pronoun.

The verb "hablar" (to speak), is a model for all the regular verbs with –AR endings:

Person	Personal Pronouns	Spanish	English
1ª sing.	Yo	Habl + **o**	I speak
2ª sing.	Tú	Habl + **as**	You speak
3ª sing.	Él, Ella, Usted	Habl + **a**	He, She, It speaks, You (formal) speak
1ª plural	Nosotros, Nosotras	Habl + **amos**	We speak
2ª plural	Vosotros, Vosotras	Habl + **áis**	You all (Spain) speak
3ª plural	Ellos, Ellas, Ustedes	Habl + **an**	They speak, You all speak

Ejercicio 1/Exercise 1

Traduce los verbos con –AR a inglés usando un traductor./Translate the following -AR verbs into English using a translator.

1) Trabajar _____

2) Estudiar _____

3) Ayudar _____

4) Hablar _____

5) Preguntar _____

6) Caminar _____

7) Viajar _____

 Ejercicio 2/Exercise 2

Conjuga cada verbo según el pronombre de sujeto usando las terminaciones -o, -as, -a, -amos, -áis, y -an./Conjugate each verb according to the subject pronoun using the endings -o, -as, -a, -amos, -áis, and -an.

Cantar/To sing

1era sing.	Yo	A)
2nda sing.	Tú	B)
3era sing.	Él, Ella, Usted	C)
1era plural	Nosotros, Nosotras	D)
2nda plural	Vosotros, Vosotras	E)
3era plural	Ellos, Ellas, Ustedes	F)

Mirar/To look

1era sing.	Yo	A)
2nda sing.	Tú	B)
3era sing.	Él, Ella, Usted	C)
1era plural	Nosotros, Nosotras	D)
2nda plural	Vosotros, Vosotras	E)
3era plural	Ellos, Ellas, Ustedes	F)

Llevar/To bring, wear, carry

1era sing.	Yo	A)
2nda sing.	Tú	B)
3era sing.	Él, Ella, Usted	C)
1era plural	Nosotros, Nosotras	D)
2nda plural	Vosotros, Vosotras	E)
3era plural	Ellos, Ellas, Ustedes	F)

🔧 Ejercicio 3/Exercise 3

Etiqueta cada uno como verbo conjugado (CV) o infinitive (I)./Label each as a conjugated verb (CV) or an infinitive (I).

1) Yo hablo _____

2) Trabajar _____

3) Contestar _____

4) Ellos preguntan _____

5) Estudiar _____

6) Ayudar _____

7) Nosotros entregamos _____

8) Ellas caminan _____

9) Preparar _____

10) Ustedes trabajan _____

🔧 Ejercicio 4/Exercise 4

Completa la conjugación en el espacio, escribe el infinitivo y traduce a inglés./Complete the conjugation in the blank, write the infinitive, and translate to English.

Example:

*Ellas trabaj**an**   Trabajar   They work*

1) Nosotros limpi _____

2) Elena camin _____

3) Tú y yo estudi _____

4) Yo viaj _____

5) Nosotros habl _____

6) Todos pregunt_____

7) Vosotras trabaj _____

8) Él manej _____

9) Ella y yo arregl _____

10) Tú llev _____

11) ¿Quién prepar_____

¿Quién prepara la comida?

Ejercicio 5/Exercise 5

Completa las frases siguientes usando la forma correcta de cada verbo./Complete the following sentences using the correct form of each verb.

1) Paola y yo _____ (viajar) mucho.
2) Nosotros _____ (caminar) por el parque.
3) Yo no _____ (hablar) alemán, yo _____ (hablar) inglés.
4) Carmen _____ (preguntar) a Gustavo.
5) Yo _____ (ayudar) a las personas mayores.
6) Pilar y Lorena _____ (manejar) un coche.
7) Mi padre _____ (arreglar) la computadora.
8) ¿Vosotros _____ (trabajar) en un hospital?
9) Manuel _____ (estudiar) la lección.
10) Los policías _____ (vigilar) a los ladrones.

SECCIÓN 4/SECTION 4

3.6 Vocabulario/Vocabulary

Los Números/Numbers

Cero	0	Once	11
Uno	1	Doce	12
Dos	2	Trece	13
Tres	3	Catorce	14
Cuatro	4	Quince	15
Cinco	5	Dieciséis	16
Seis	6	Diecisiete	17
Siete	7	Dieciocho	18
Ocho	8	Diecinueve	19
Nueve	9	Veinte	20
Diez	10		

Ejercicio 1/Exercise 1

Practica los números siguientes en voz alta./Practice saying the following numbers out loud.

1)   1   3   7   0   8   6
2)   12   15   17   19   12   11
3)   21   20   8   18   10   2
4)   0   10   9   5   19   20
5)   5   15   4   14   3   13
6)   2   4   6   8   10   12

 Ejercicio 2/Exercise 2

Rellena el blanco./Fill in the blank.

1) Q_ IN__ __
2) __ CH__
3) T__ __CE
4) __NO
5) T__ES
6) C__TO__CE
7) S__ __S
8) V__I__TE
9) C__NC_
10) D__S
11) D__ __Z
12) __ UA__RO

 Ejercicio 3/Exercise 3

¿Cuánto es?/How much is it?

1) 4x5= cuatro por cinco son veinte

2) 7x2= _____

3) 3x3= _____

4) 2x6= _____

5) 3x6= _____

6) 2x5= _____

7) 2x2= _____

8) 5x3= _____

9) 4x4= _____

3.7 Rola Respuesta Rápida

Rola Respuesta Rápida/Rola Rapid Response:

In this section, you will work on putting the things that you have learned together.

Ejercicio 1/Exercise 1

Elige 3 verbos "–AR" y escribe sus conjugaciones./Choose 3 "–AR" verbs and write their conjugations.

1) _____

1era sing.	Yo	
2nda sing.	Tú	
3era sing.	Él, Ella, Usted	
1era plural	Nosotros, Nosotras	
2nda plural	Vosotros, Vosotras	
3era plural	Ellos, Ellas, Ustedes	

2) _____

1era sing.	Yo	
2nda sing.	Tú	
3era sing.	Él, Ella, Usted	
1era plural	Nosotros, Nosotras	
2nda plural	Vosotros, Vosotras	
3era plural	Ellos, Ellas, Ustedes	

3) _____

1era sing.	Yo	
2nda sing.	Tú	
3era sing.	Él, Ella, Usted	
1era plural	Nosotros, Nosotras	
2nda plural	Vosotros, Vosotras	
3era plural	Ellos, Ellas, Ustedes	

Ejercicio 2/Exercise 2

Traduce a español./Translate to Spanish.

Estudiar/To study

1era sing.	Yo	Estudio	*español*
2nda sing.	Tú	Estudias	*francés*
3era sing.	Él, Ella, Usted	Estudia	*inglés*
1era plural	Nosotros, Nosotras	Estudiamos	*portugués*
2nda plural	Vosotros, Vosotras	Estudiáis	*alemán*
3era plural	Ellos, Ellas, Ustedes	Estudian	*chino*

1) I study Spanish. _____

2) She studies English. _____

3) They don't study French. _____

4) We study Spanish. _____

5) She studies Portuguese. _____

6) I don't study French. _____

7) She doesn't study English. _____

8) We study Spanish. _____

9) She doesn't study Chinese. _____

10) He studies German. _____

Ejercicio 3/Exercise 3

Traduce a español./Translate to Spanish.

Viajar/To travel

1era sing.	Yo	Viajo	*a China*
2nda sing.	Tú	Viajas	*a España*
3era sing.	Él, Ella, Usted	Viaja	*a Francia*
1era plural	Nosotros, Nosotras	Viajamos	*a Inglaterra*
2nda plural	Vosotros, Vosotras	Viajáis	*a Brasil*
3era plural	Ellos, Ellas, Ustedes	Viajan	*a Alemania*

1) I travel to China. _____

2) She travels to Spain. _____

3) They don't travel to Germany. _____

4) We travel to England. _____

5) He travels to Brazil. _____

6) I don't travel to France. _____

7) She doesn't travel to Germany. _____

8) We don't travel to China. _____

9) She travels to Germany. _____

10) He travels to Spain. _____

Ejercicio 4/Exercise 4

Traduce a español./Translate to Spanish.

1) I speak Spanish.
_____

2) I don't speak French.
_____

3) We sing at the party (la fiesta).
_____

4) We don't sing now.
_____

5) You study math.
_____

6) You don't study geography.
_____

7) He cleans the house (la casa).
_____

8) He doesn't clean the library (la biblioteca).
_____

9) They travel a lot.
_____

10) They don't travel today (hoy).
_____

Ejercicio 5/Exercise 5

Escribe las conjugaciones./Write the conjugations.

1) Trabajar (él) _____
2) Ayudar (tú) _____
3) Llevar (nosotros) _____
4) Preguntar (yo) _____
5) Hablar (ellos) _____
6) Doblar (Uds.) _____
7) Estudiar (vosotros) _____
8) Viajar (ella) _____
9) Cantar (yo) _____
10) Caminar (Ud.) _____

¡Yo canto!

CAPÍTULO 4

SECCIÓN 1/SECTION 1

4.1 Vocabulario/Vocabulary

Descripciones Físicas Con "Ser"/Physical Descriptions With "Ser"

Alto/alta	*Tall*
Bajo/baja	*Short*
Delgado/delgada	*Slim*
Gordo/gorda	*Fat*
Joven	*Young*
Viejo/vieja	*Old*
Fuerte	*Strong*
Débil	*Weak*
Guapo/guapa	*Handsome, beautiful*
Feo/fea	*Ugly*
Grande	*Big*
Pequeño/pequeña	*Small*
Corto/corta	*Short*
Largo/larga	*Long*
Moreno/morena	*Brown (skin), brunette (hair)*
Rubio/rubia	*Blond*

Ejercicio 1/Exercise 1

Traduce a español usando un traductor./Translate to Spanish using a translator.

Remember that in Spanish, adjectives go after the noun and they have to agree in gender and number with the noun.

Example:

Tall girl ___Niña alta____

Tall boys ___Niños altos_____

1) Long hair _____

2) Brunette woman _____

3) Blond men _____

4) Young man _____

5) Small baby _____

6) Old man _____

7) Fat boy _____

8) Strong girl _____

9) Ugly dogs _____

10) Big eyes _____

11) Slim woman _____

12) Short hair _____

13) Blond baby _____

 ## Ejercicio 2/Exercise 2

Completa las frases con el opuesto./Complete the sentences with the opposite.

1) Rita no es morena. Rita es _____.

2) Alberto no es joven. Alberto es_____.

3) Mi pelo no es corto. Mi pelo es _____.

4) Luisa no es fuerte. Luisa es _____.

5) El bebé no es grande. El bebé es _____.

6) Ellas no son feas. Ellas son _____.

7) Alicia no es gorda. Alicia es _____.

Ejercicio 3/Exercise 3

Descríbete en voz alta a ti mismo y a uno de los miembros de tu familia usando los adjetivos./Describe yourself and one of your family members out loud using the adjectives.

SECCIÓN 2/SECTION 2

4.2 Lectura/Reading

En La Recepción

Erica: Hola, señor. Me llamo Erica Martínez. Yo quiero una reserva.
Pablo: Perfecto, señorita. Yo necesito información de Ud. ¿Cómo escribe su nombre de familia o apellido?
Erica: M-A-R-T-I-N-E-Z.
Pablo: Y, ¿Cómo se escribe su nombre?
Erica: E-R-I-C-A.
Pablo: Yo necesito su número de teléfono.
Erica: Mi/El número de teléfono es 617-555-9380.
Pablo: Gracias. También, yo necesito el número de su tarjeta de crédito.
Erica: El número de mi tarjeta de crédito es 8181 7375 346 6712.
Pablo. Yo voy a repetir para confirmar: 8181 7375 346 6712.
Erica: Sí. Correcto.
Pablo: ¿Cuántas noches va a quedarse?
Erica: Yo voy a quedarme 6 noches.
Pablo: Perfecto. Su habitación es el número 4-8-1. La habitación está en el piso número 4.
Erica: Muchas gracias, señor.
Pablo: No hay de qué.

Ejercicio 1/Exercise 1

Completa las preguntas de comprensión./Complete the comprehension questions.

1) ¿Cuál es el nombre completo de la mujer?
_____

2) ¿Cuál es su número de teléfono?
_____

3) ¿Cuál es su número de tarjeta de crédito?
_____

4) ¿Cuál es el número de habitación?
_____

5) ¿En qué piso está la habitación?
_____

SECCIÓN 3/SECTION 3

4.3 Vocabulario/Vocabulary

Los Días De La Semana/Days Of The Week

lunes	*Monday*
martes	*Tuesday*
miércoles	*Wednesday*
jueves	*Thursday*
viernes	*Friday*
sábado	*Saturday*
domingo	*Sunday*

Ejercicio 1/Exercise 1

Traduce a español./Translate to Spanish.

1) Wednesday _____

2) Saturday _____

3) Tuesday _____

4) Thursday _____

5) Monday _____

6) Friday _____

7) Sunday _____

Ejercicio 2/Exercise 2

Escribe los días de la semana./Write the days of the week.

1) Hoy (today) es jueves. Mañana (tomorrow) es _____. Ayer (yesterday) fue (was) _____.

2) Hoy es martes. Mañana es _____. Ayer fue _____.

3) Hoy es lunes. Mañana es _____. Ayer fue _____.

4) Hoy es domingo. Mañana es _____. Ayer fue_____.

5) Hoy es miércoles. Mañana es _____. Ayer fue_____.

6) Hoy es sábado. Mañana es _____. Ayer fue _____.

7) Hoy es viernes. Mañana es _____. Ayer fue _____.

4.4 Vocabulario/Vocabulary

Los Meses Del Año/Months Of The Year

enero	*January*
febrero	*February*
marzo	*March*
abril	*April*
mayo	*May*
junio	*June*
julio	*July*
agosto	*August*
septiembre	*September*
octubre	*October*
noviembre	*November*
diciembre	*December*

*Please note that days and months are not capitalized in Spanish.

Ejercicio 1/Exercise 1

Clasifica los meses del año en las siguientes columnas./Classify the months of the year in the following columns.

Primavera (Spring)	Verano (Summer)	Otoño (Fall)	Invierno (Winter)
1)	4)	7)	10)
2)	5)	8)	11)
3)	6)	9)	12)

Ejercicio 2/Exercise 2

Contesta las siguientes preguntas./Answer the following questions.

1) ¿En qué mes estamos?

_____

2) ¿Qué mes viene después *(after)* de junio?

_____

3) ¿Qué mes viene después de agosto?

_____

4) ¿Cuándo comienza *(starts)* el verano?

_____

5) ¿Qué mes viene antes *(before)* de diciembre?

_____

6) ¿Cuándo comienza la primavera?

_____

7) ¿Cuándo es tu cumpleaños *(birthday)*?

_____

8) ¿Cuándo es tu fiesta *(holiday)* favorita?

_____

9) ¿Cuándo tienes vacaciones?

_____

4.5 Gramática/Grammar

Los Verbos Que Terminan En –ER/Present -Verbs That End With –ER

The verb "beber" (to drink), is an example for all regular verbs with –ER endings:

1st singular	Yo	Beb + **o**	I drink
2nd singular	Tú	Beb + **es**	You drink
3rd singular	Él, Ella, Ud.	Beb + **e**	He, She, It drinks, You (formal) drink
1st plural	Nosotros, Nosotras	Beb + **emos**	We drink
2nd plural	Vosotros, Vosotras	Beb + **éis**	You all drink (Spain)
3rd plural	Ellos, Ellas, Uds.	Beb + **en**	They, You all drink

Ejercicio 1/Exercise 1

Conjuga los verbos siguientes con -o, -es, -e, -emos, -éis, -en./Conjugate the following verbs with -o, -es, -e, -emos, -éis, -en.

1) Leer/To read

1st singular	Yo	A)
2nd singular	Tú	B)
3rd singular	Él, Ella, Usted	C)
1st plural	Nosotros, Nosotras	D)
2nd plural	Vosotros, Vosotras	E)
3rd plural	Ellos, Ellas, Ustedes	F)

2) Correr/To run

1st singular	Yo	A)
2nd singular	Tú	B)
3rd singular	Él, Ella, Usted	C)
1st plural	Nosotros, Nosotras	D)
2nd plural	Vosotros, Vosotras	E)
3rd plural	Ellos, Ellas, Ustedes	F)

3) Vender/To sell

1st singular	Yo	A)
2nd singular	Tú	B)
3rd singular	Él, Ella, Usted	C)
1st plural	Nosotros, Nosotras	D)
2nd plural	Vosotros, Vosotras	E)
3rd plural	Ellos, Ellas, Ustedes	F)

4) Comer/To eat

1st singular	Yo	A)
2nd singular	Tú	B)
3rd singular	Él, Ella, Usted	C)
1st plural	Nosotros, Nosotras	D)
2nd plural	Vosotros, Vosotras	E)
3rd plural	Ellos, Ellas, Ustedes	F)

5) Aprender/To learn

1st singular	Yo	A)
2nd singular	Tú	B)
3rd singular	Él, Ella, Usted	C)
1st plural	Nosotros, Nosotras	D)
2nd plural	Vosotros, Vosotras	E)
3rd plural	Ellos, Ellas, Ustedes	F)

6) Creer/To believe

1st singular	Yo	A)
2nd singular	Tú	B)
3rd singular	Él, Ella, Usted	C)
1st plural	Nosotros, Nosotras	D)
2nd plural	Vosotros, Vosotras	E)
3rd plural	Ellos, Ellas, Ustedes	F)

7) Deber/(To) must, should, to owe

1st singular	Yo	A)
2nd singular	Tú	B)
3rd singular	Él, Ella, Usted	C)
1st plural	Nosotros, Nosotras	D)
2nd plural	Vosotros, Vosotras	E)
3rd plural	Ellos, Ellas, Ustedes	F)

8) Comprender/To understand

1st singular	Yo	A)
2nd singular	Tú	B)
3rd singular	Él, Ella, Usted	C)
1st plural	Nosotros, Nosotras	D)
2nd plural	Vosotros, Vosotras	E)
3rd plural	Ellos, Ellas, Ustedes	F)

Ejercicio 2/Exercise 2

Completa las frases en el tiempo presente./Complete the sentences with the present tense.

1) La profesora (leer) _____ en voz alta.

2) Vosotros (beber) _____ mucha leche.

3) Yo (leer) _____ muchos libros.

4) Nosotras (aprender) _____ alemán.

5) Julio (comer) _____ a las 12 del mediodía.

6) Tú (vender) _____ la bicicleta.

7) ¿En qué restaurante (comer) _____ tú cada día?

8) Yo no (comprender) _____ bien la lección.

9) ¿Vosotros (ver) _____ la televisión a menudo?

10) Ustedes (aprender) _____ en la escuela.

11) ¿Nosotras (leer) _____ el periódico?

12) Él (creer) _____ que habla rápido.

13) Yo (beber) _____ la cerveza muy fría.

SECCIÓN 5/SECTION 5

 4.6 Vocabulario/Vocabulary

Los Números 20-100/Numbers 20-100

Veinte	20	Treinta y uno	31
Veintiuno	21	Treinta y dos	32
Veintidós	22	Cuarenta	40
Veintitrés	23	Cuarenta y uno	41
Veinticuatro	24	Cuarenta y dos	42
Veinticinco	25	Cincuenta	50
Veintiséis	26	Sesenta	60
Veintisiete	27	Setenta	70
Veintiocho	28	Ochenta	80
Veintinueve	29	Noventa	90
Treinta	30	Cien	100

Ejercicio 1/Exercise 1

Di los números siguientes en voz alta./Say the following numbers out loud.

1) 21
2) 24
3) 26
4) 28
5) 20
6) 29
7) 39
8) 38
9) 35
10) 31
11) 37
12) 33
13) 43
14) 47
15) 40
16) 41
17) 58
18) 56
19) 61
20) 67

21) 75
22) 79
23) 84
24) 80
25) 90
26) 91
27) 98
28) 99
29) 96
30) 95

Ejercicio 2/Exercise 2

Completa las frases con el número correcto./Complete the sentences with the correct number.

1) Estados Unidos tiene _____ estados.

2) Un siglo (century) tiene _____ años.

3) Un minuto tiene _____ segundos.

4) Una hora tiene _____ minutos.

5) Cuarenta más cuarenta son _____.

6) Cincuenta menos quince son _____.

Ejercicio 3/Exercise 3

Escribe el número con palabras./Write the number out in words.

1) 29 _____

2) 52 _____

3) 95 _____

4) 17 _____

5) 43 _____

6) 84 _____

7) 60 _____

8) 33 _____

9) 71 _____

10) 100 _____

SECCIÓN 6/SECTION 6

 4.7 Rola Respuesta Rápida

Rola Respuesta Rápida/Rola Rapid Response:

El Gran Repaso/The Big Review

 Ejercicio 1/Exercise 1

Completa las frases con la conjugación de los verbos "ser" o "estar"./Complete the sentences with the correct "ser" or "estar" conjugation.

1) Carolina _____ de Venezuela.
2) Tú _____ moreno.
3) Yo _____ en el aeropuerto.
4) Juan y Camilo _____ de Ecuador.
5) Mario y Dario _____ hermanos.
6) Ellos _____ músicos.
7) Nosotras _____ de vacaciones.
8) Ellos _____ enfermeros.
9) Diana y yo _____ aburridas hoy.
10) Camila y Andrés _____ novios.

Ejercicio 2/Exercise 2

Completa la conversación./Complete the conversation.

Camila: Hola, Diego. ¿1)_____ _____?

Diego: Muy bien, ¿2)___ ____?

Camila: 3)_____ bien. ¿Quién es ella?

Diego: Ella 4)_____ mi amiga Mónica.

Mónica: Hola, Camila. Mucho gusto.

Camila: Mucho gusto.

Mónica: Camila, ¿tú qué haces?

Camila: Yo 5)_____ doctora. 6)_____ (trabajar: yo) en el hospital de la ciudad.

Mónica: ¡Increíble! Yo también 7)_____ doctora. Trabajo en una clínica.

Camila: ¿Y de dónde 8)____?

Mónica: 9)_____ de Montevideo.

Diego: ¡Qué casualidad! Camila también 10)_____ de Montevideo.

Camila: Sí, pero 11)_____ en Buenos Aires desde hace tres años.

Mónica: ¿Te gusta la ciudad?

Camila: Sí, 12)_____ feliz aquí.

Ejercicio 3/Exercise 3

Traduce a español./Translate to Spanish.

1) She is blond and short. _____

2) They (feminine) are young and beautiful. _____

3) He is weak and small. _____

4) You all have long hair. _____

5) They (masculine) are tall and slim. _____

6) I am not old. _____

7) We (feminine) aren't fat. _____

8) He is handsome. _____

9) He and I are strong. _____

10) The dogs are big. _____

Ejercicio 4/Exercise 4

Traduce a español./Translate to Spanish.

1) They are small oranges. _____

2) He buys some onions. _____

3) We look at four carrots. _____

4) You don't bring some cherries. _____

5) I speak about fruits and vegetables. _____

6) The pineapples are not big. _____

7) You all walk by the watermelons. _____

8) She prepares the peppers. _____

9) You (formal) ask about the apples. _____

10) You all (Spain) don't bring spinach and broccoli. _____

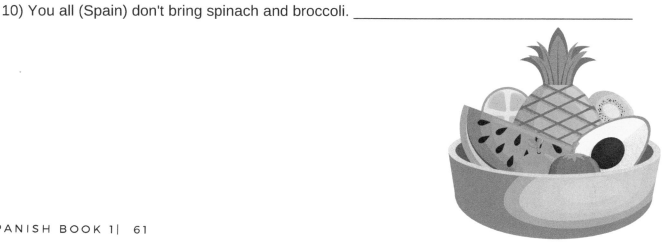

Ejercicio 5/Exercise 5

Traduce a español usando el verbo "cantar"./Translate to Spanish using the verb "cantar".

¿Dónde cantas? ¿Qué cantas?/Where do you sing? What do you sing?

Yo	Canto	En el club	*In the club*
Tú	Cantas	En la ducha	*In the shower*
Él, Ella, Usted	Canta	La canción	*The song*
Nosotros, Nosotras	Cantamos	El himno	*The anthem*
Vosotros, Vosotras	Cantáis	Con amigos	*With friends*
Ellos, Ellas Ustedes	Cantan	En la fiesta	*In the party*

1) I sing in the club. _____

2) You don't sing in the shower. _____

3) You (formal) sing the song. _____

4) She sings the anthem. _____

5) We don't sing with friends. _____

6) He doesn't sing at the party. _____

7) We sing the song. _____

8) You all sing at the party. _____

9) They don't sing the song. _____

10) They sing in the shower. _____

 Ejercicio 6/Exercise 6

Traduce a español usando el verbo "llegar."/Translate to Spanish using the verb "llegar."

¿A dónde llegas?¿Cuándo llegas?/Where do you arrive? When do you arrive?

Yo	Llego	A la clase	*To class*
Tú	Llegas	A la fiesta	*At the party*
Él, Ella, Usted	Llega	Al restaurante	*At the restaurant*
Nosotros, Nosotras	Llegamos	A casa	*Home*
Vosotros, Vosotras	Llegáis	Pronto	*Soon*
Ellos, Ellas Ustedes	Llegan	Tarde	*Late*

"A" + "el" makes the contraction "al". "A" + "la" doesn't contract.

1) I arrive to class. _____

2) You don't arrive at the party. _____

3) You arrive at the restaurant. _____

4) She arrives soon. _____

5) He doesn't arrive late. _____

6) We arrive home. _____

7) You all (Spain) arrive late to the party. _____

8) They arrive home soon. _____

9) We don't arrive at the restaurant. _____

10) You all arrive late. _____

🔧 Ejercicio 7/Exercise 7

Traduce a español usando el verbo "vender"./Translate to Spanish using the verb "vender".

¿Qué vendes?/What do you sell?

Yo	Vendo	El coche	*The car*
Tú	Vendes	La casa	*The house*
Él, Ella, Usted	Vende	Las flores	*The flowers*
Nosotros, Nosotras	Vendemos	La comida	*The food*
Vosotros, Vosotras	Vendéis	Las computadoras	*The computers*
Ellos, Ellas Ustedes	Venden	Las bebidas	*The drinks*

1) I sell the car. _____

2) I don't sell the house. _____

3) You sell the flowers. _____

4) She sells the flowers. _____

5) I don't sell the food. _____

6) He sells the drinks. _____

7) We don't sell the computers. _____

8) They sell the food. _____

9) You all sell the drinks. _____

10) You all (Spain) sell the house. _____

Ejercicio 8/Exercise 8

Traduce a español usando el verbo "temer"./Translate to Spanish using the verb "temer".

¿A qué temes?/What do you fear?

Yo	Temo	A las arañas	Spiders
Tú	Temes	Al futuro	The future
Él, Ella, Usted	Teme	A las alturas	Heights
Nosotros, Nosotras	Tememos	A la oscuridad	The dark
Vosotros, Vosotras	Teméis	A los fantasmas	Ghosts
Ellos, Ellas Ustedes	Temen	A los payasos	Clowns

*"Temer" is followed by the preposition "a" in Spanish.

1) I fear spiders. _____

2) I don't fear the future. _____

3) You fear ghosts. _____

4) She fears clowns. _____

5) He doesn't fear heights. _____

6) You (formal) fear the dark. _____

7) We fear the future. _____

8) You all fear spiders. _____

9) They fear heights. _____

10) They don't fear ghosts. _____

CAPÍTULO 5

SECCIÓN 1/SECTION 1

5.1 Vocabulario/Vocabulary

Los Animales/Animals

Un perro/una perra	*A male dog/a female dog*
Un gato/una gata	*A male cat/a female cat*
Un pájaro	*A bird*
Un ratón	*A mouse*
Una tortuga	*A turtle*
Una vaca	*A cow*
Un pato	*A duck*
Una ballena	*A whale*
Un cerdo	*A pig*
Un caballo/una yegua	*A horse/a mare*
Una gallina/un gallo	*A hen/a rooster*
Un oso/una osa	*A male bear/a female bear*
Un pez	*A fish*
Un conejo/una coneja	*A male rabbit/a female rabbit*
Un león/una leona	*A male lion/a lioness*
Un tigre/una tigresa	*A male tiger/a tigress*
Una jirafa	*A giraffe*

Ejercicio 1/Exercise 1

Clasifica los animales de arriba en tres columnas./Classify the animals above in these three columns.

Animales Salvajes (Wild Animals)	Animales Domésticos (Pets)	Animales de Granja (Farm Animals)

 Ejercicio 2/Exercise 2

Describe las imágenes en las líneas de la página siguiente./Describe the pictures on the lines of the following page.

¿Cuáles animales tiene (has) el granjero (the farmer)?

_____

_____

_____

_____

_____

_____

SECCIÓN 2/SECTION 2

5.2 Lectura/Reading

En El Zoo

Hoy los niños están en el zoo. Todos los niños están muy contentos. En el zoo ellos ven muchos animales. Algunos animales son salvajes y otros son domésticos. Los niños ven tigres, osos y leones. Las jirafas comen. Los niños juegan con los conejos y los gatos. También ellos montan en los caballos y ven las vacas y los cerdos. Todos los niños están felices en el zoo. En el zoo, los profesores miran y vigilan a los niños; ellos están siempre muy atentos. Ellos también están felices en el zoo porque ellos hablan con sus compañeros. Cuando todos regresan a la escuela, los niños van a crear un dibujo con todos los animales del zoo. Después, ellos van a elegir el dibujo más bonito.

Ejercicio 1/Exercise 1

Completa las preguntas de comprensión./Complete the comprehension questions.

1) ¿Cuáles animales ven los niños?

_____

_____

2) ¿Qué hacen (_do_) las jirafas?

_____

_____

3) ¿Qué van a hacer los niños cuando regresan a la escuela?

_____

_____

4) Y a ti, ¿te gusta el zoo? ¿Cuál es tu animal favorito?

_____

_____

SECCIÓN 3/SECTION 3

5.3 Gramática/Grammar

Los Verbos Que Terminan En –IR/Present -Verbs That End With –IR

The verb "vivir" (to live) is an example for all the regular verbs with an –IR ending:

1st singular	Yo	Viv + **o**	I live
2nd singular	Tú	Viv + **es**	You live
3rd singular	Él, Ella, Ud.	Viv + **e**	He, She, It lives, You (formal) live
1st plural	Nosotros, Nosotras	Viv + **imos**	We live
2nd plural	Vosotros, Vosotras	Viv + **ís**	You all live (Spain)
3rd plural	Ellos, Ellas, Uds.	Viv + **en**	They, You all live

Ejercicio 1/Exercise 1

Conjuga los verbos siguientes con –o, -es, -e, -imos, -is, -en./Conjugate the following verbs with –o, -es, -e, -imos, -ís, -en.

1) Abrir/To open

1st singular	Yo	A)
2nd singular	Tú	B)
3rd singular	Él, Ella, Usted	C)
1st plural	Nosotros, Nosotras	Abrimos
2nd plural	Vosotros, Vosotras	Abrís
3rd plural	Ellos, Ellas, Ustedes	Abren

2) Escribir/To write

1st singular	Yo	Escribo
2nd singular	Tú	Escribes
3rd singular	Él, Ella, Usted	Escribe
1st plural	Nosotros, Nosotras	D)
2nd plural	Vosotros, Vosotras	E)
3rd plural	Ellos, Ellas, Ustedes	F)

3) Describir/To describe

1st singular	Yo	A)
2nd singular	Tú	B)
3rd singular	Él, Ella, Usted	C)
1st plural	Nosotros, Nosotras	D)
2nd plural	Vosotros, Vosotras	E)
3rd plural	Ellos, Ellas, Ustedes	F)

Ejercicio 2/Exercise 2

Completa cada frase con el verbo conjugado apropiado./Complete each sentence with the appropriate conjugated verb.

1) Ella _____ en el ascensor al cuarto piso. (subir – to go up)

2) Yo _____ de artritis. (sufrir – to suffer)

3) María y ella _____ en el ascensor al quinto piso. (subir)

4) Ellos _____ el problema. (discutir – to discuss/argue)

5) María _____ a la escuela. (asistir – to attend)

6) Ustedes _____ a Emilia ir al parque. (permitir – to allow)

7) Ella _____ en esa ciudad. (vivir – to live)

8) Nosotros _____ a Diego ir al museo. (permitir)

9) Andrés _____ a Verónica en el club. (admitir – to admit)

10) Yo _____ con mi tía y tío. (vivir)

11) El científico _____ algo nuevo. (descubrir – to discover)

12) Yo no _____ la ventana. Ella _____ la puerta. (abrir – to open)

13) Tú _____ a tu padre con mucho detalle. (describir – to describe)

14) El estudiante siempre _____ cosas con su profesor. (discutir)

SECCIÓN 4/SECTION 4

5.4 Vocabulario/Vocabulary

Las Partículas Interrogativas/Question Words

In Spanish, interrogative words are used to ask questions. They are placed at the beginning of the question, as in English. Note that all question words, when used in a question, have an accent. They are:

¿Quién?	*Who?*
¿A quién? ¿A quiénes?	*(To) Whom?*
¿Qué?	*What?*
¿Cuándo?	*When?*
¿Dónde?	*Where?*
¿A dónde?	*To where?*
¿Por qué?	*Why?*
¿Cómo?	*How?*
¿Cuál? ¿Cuáles?	*Which? (Which ones?)*
¿Cuánto/a?	*How much?*
¿Cuántos/as?	*How many?*

Preguntas Importantes/Important Questions

¿Quién eres tú?	*Who are you?*
¿A quién ves tú?	*Whom do you see?*
¿Qué idioma hablas tú?	*What language do you speak?*
¿Cuándo es tu cumpleaños*?	*When is your birthday?*　　*"cumpleaños" is singular*
¿Dónde vives tú?	*Where do you live?*
¿A dónde va María?	*Where does Maria go?*
¿Por qué estudias tú español?	*Why do you study Spanish?*
¿Cómo es tu casa?	*How is your house?*
¿Cuál es tu deporte favorito?	*What is your favorite sport?*
¿Cuánto cuesta el helado?	*How much does the ice cream cost?*
¿Cuántos años tienes tú?	*How old are you? (How many years do you have?)*

Ejercicio 1/Exercise 1

Traduce./Translate.

1) ¿Quién? _____

2) ¿Dónde? _____

3) ¿Cómo? _____

4) ¿Cuándo? _____

5) ¿Por qué? _____

6) ¿Qué? _____

7) ¿Cuál? _____

8) ¿Cuántos? _____

Ejercicio 2/Exercise 2

Usando el vocabulario "Preguntas Importantes", intenta adivinar el significado de estas palabras./Using the vocabulary "Important Questions", try to guess what these words mean.

1) Tú eres _____

2) Idiomas _____

3) Tú hablas _____

4) Cumpleaños _____

5) Tú vives _____

6) Tú estudias _____

7) Casa _____

8) Deporte _____

9) Helado _____

10) Años _____

11) Tú tienes _____

12) Cuesta _____

helado

Ejercicio 3/Exercise 3

Traduce a inglés./Translate to English.

1) ¿Quién es el profesor? _____

2) ¿Dónde está el estudiante? _____

3) ¿Por qué estás en México? _____

4) ¿Cuándo es la clase? _____

5) ¿Cuántos años tienes? _____

6) ¿Cuál es tu color favorito? _____

7) ¿Cómo estás? _____

8) ¿Cuánto cuesta la casa? _____

9) ¿De dónde eres? _____

10) ¿Qué deporte practicas? _____

Ejercicio 4/Exercise 4

Completa las oraciones con la partícula interrogativa correcta./Complete the following sentences with the appropriate question word.

Example:
When do they leave?
¿Cuándo salen ellos?

¿Dónde está el estudiante?

1) What does Juan have?

¿_____ tiene Juan?

2) How much does the car cost?

¿_____ cuesta el coche?

3) Who speaks now?

¿_____ habla ahora?

4) Whom does Carlos see?

¿_____ ve Carlos?

5) How is the house? (What does the house look like?)

¿_____ es la casa?

6) Who (plural) travels to Spain?

¿_____ viajan a España?

7) With whom does she speak?

¿Con _____ habla ella?

SECTION 5/SECCIÓN 5

👁 5.5 Gramática/Grammar

El Verbo Irregular "Ir"/The Irregular Verb "To Go"

Yo	voy
Tú	vas
Él/ella/usted	va
Nosotros/nosotras	vamos
Vosotros/vosotras	vais
Ellos/ellas/ustedes	van

El Verbo Irregular "Querer"/The Irregular Verb "To Want"

Yo	quiero
Tú	quieres
Él/ella/usted	quiere
Nosotros/nosotras	queremos
Vosotros/vosotras	queréis
Ellos/ellas/ustedes	quieren

🔧 Ejercicio 1/Exercise 1

Completa el párrafo con la forma correcta del verbo "ir" y contesta las preguntas./Complete the paragraph with the correct form of the verb "ir" and answer the questions.

La familia Rodríguez 1)_____ de vacaciones a la playa. Ellos siempre 2)_____ al mismo lugar: Almería. Antonio, el padre, 3)_____ primero a la casa, para llevar comida y limpiar todo. Cuando toda la familia está allí, ellos 4)_____ a la playa y juegan en la arena. Paloma, la madre, 5)_____ a comprar helados y refrescos para todos. Los niños 6)_____ al agua y nadan en el mar.
Y tú ¿dónde 7)_____ de vacaciones? ¿Con quién 8)_____ tú de vacaciones?

Ejercicio 2/Exercise 2

Completa el diálogo con la forma correcta del verbo "querer"./Complete the dialogue with the correct form of the verb "querer".

Alberto: ¿Qué (tú) 1)_____ para beber?

Javi: Yo 2)_____ un zumo de naranja. ¿Y vosotros qué 3)_____ ?

Isabel: Nosotros 4)_____ dos aguas gaseosas.

Alberto: Y para tu hermano Javi, qué 5)_____ él?

Javi: Mi hermano Pepe 6)_____ una limonada y creo que su amigo 7)_____ un té.

Alberto: Yo 8)_____ un batido de fresa. ¡Oiga, camarero!

Camarero: ¿Si, señor? ¿Qué 9)_____ ustedes para beber?

Alberto: Nosotros 10)_____ un zumo de naranja, dos aguas gaseosas, una limonada, un té y un batido de fresa.

Camarero: En seguida, señor.

 Ejercicio 3/Exercise 3

Contesta las siguientes preguntas./Answer the following questions.

1) ¿Qué quieres hacer en tus próximas vacaciones?

_____

_____

2) ¿Qué quieres para tu cumpleaños?

_____

_____

3) ¿Qué quieres comer en tu restaurante favorito?

_____

_____

SECCIÓN 6/SECTION 6

5.6 Rola Respuesta Rápida

Rola Respuesta Rápida/Rola Rapid Response:

In this section, you will work on putting the things that you have learned together.

Verbos –ER & -IR: Comprender, Beber, Asistir, Decidir, Creer

1st singular	Yo	Comprend**o**
2nd singular	Tú	Comprend**es**
3rd singular	Él, Ella, Usted	Comprend**e**
1st plural	Nosotros, Nosotras	Comprend**emos**
2nd plural	Vosotros, Vosotras	Comprend**éis**
3rd plural	Ellos, Ellas, Ustedes	Comprend**en**

Ejercicio 1/Exercise 1

Traduce las oraciones siguientes./Translate the following sentences.

1) I understand.

_____

2) I don't understand.

_____

3) She understands.

_____

4) They understand.

_____

5) We don't understand.

_____

6) I understand a little (un poco).

_____

7) We understand a little.

_____

8) We don't understand a little.

_____

9) She understands a little.

_____

10) She doesn't understand a little.

_____

Ejercicio 2/Exercise 2

Escribe las conjugaciones de "beber". Después, lee las siguientes frases en voz alta en español./Write the conjugations of "beber". Then, say the following sentences in Spanish.

1st singular	Yo	A)
2nd singular	Tú	B)
3rd singular	Él, Ella, Usted	C)
1st plural	Nosotros, Nosotras	D)
2nd plural	Vosotros, Vosotras	E)
3rd plural	Ellos, Ellas, Ustedes	F)

1) I drink water (agua). _____

2) I don't drink water. _____

3) They drink juice (jugo). _____

4) She drinks milk (leche). _____

5) We drink juice. _____

6) You don't drink water. _____

7) They don't drink juice. _____

8) She doesn't drink milk. _____

9) He drinks water. _____

10) He doesn't drink milk. _____

Ejercicio 3/Exercise 3

Escribe las conjugaciones de "asistir". Después, lee las siguientes frases en voz alta en español./Write the conjugations of "asistir". Then, say the following sentences in Spanish.

Yo		Al congreso	*The conference*
Tú		A la reunión	*The meeting*
Él, Ella, Usted		Al teatro	*The theater*
Nosotros, Nosotras		Al espectáculo	*The show*
Vosotros, Vosotras		Al concierto	*The concert*
Ellos, Ellas, Ustedes		A la universidad	*The university*

*The verb "asistir" must be followed by the preposition "a" in Spanish.

1) I attend the conference. _____

2) I don't attend the meeting. _____

3) You attend the theater. _____

4) She attends the show. _____

5) He doesn't attend the meeting. _____

6) You (formal) attend college. _____

7) We attend the show. _____

8) You all (Spain) attend the concert. _____

9) They attend the conference. _____

10) They don't attend the theater. _____

Ejercicio 4/Exercise 4

Escribe las conjugaciones de "decidir". Después, lee las siguientes frases en voz alta en español./Write the conjugations of "decidir". Then, say the following sentences in Spanish.

1st singular	Yo	A)
2nd singular	Tú	B)
3rd singular	Él, Ella, Usted	C)
1st plural	Nosotros, Nosotras	D)
2nd plural	Vosotros, Vosotras	E)
3rd plural	Ellos, Ellas, Ustedes	F)

1) I decide. _____

2) He decides. _____

3) She decides. _____

4) You all decide. _____

5) They decide. _____

6) She decides fast (rápidamente). _____

7) She doesn't decide fast. _____

8) He decides fast. _____

9) We don't decide fast. _____

10) I decide fast. _____

Ejercicio 5/Exercise 5

Escribe las conjugaciones de "creer". Después, lee las siguientes frases en voz alta en español./Write the conjugations of "creer". Then, say the following sentences in Spanish.

1st singular	Yo	A)
2nd singular	Tú	B)
3rd singular	Él, Ella, Usted	C)
1st plural	Nosotros, Nosotras	D)
2nd plural	Vosotros, Vosotras	E)
3rd plural	Ellos, Ellas, Ustedes	F)

1) He believes. _____

2) He doesn't believe. _____

3) They believe. _____

4) I believe. _____

5) We don't believe. _____

6) She believes in God (en Dios). _____

7) I believe in God. _____

8) You don't believe in God. _____

9) They believe in God. _____

10) He doesn't believe in God. _____

Ejercicio 6/Exercise 6

Traduce a español./Translate to Spanish.

1) I drink water. _____

2) She drinks milk. _____

3) You eat food. _____

4) They don't eat food. _____

5) We understand Spanish. _____

6) I don't understand English. _____

7) You all believe everything. _____

8) He runs fast. _____

9) They should (deber) drink. _____

10) He shouldn't eat. _____

11) I read a lot of books. _____

12) He doesn't read books. _____

13) I promise. _____

14) We promise more money. _____

15) They drink beer. _____

 Ejercicio 7/Exercise 7

Empareja los columnos./Match the columns.

1) Nosotros bebemos

2) Yo no comprendo nada

3) A mis padres les gusta leer

4) Él promete

5) Ellos no deben

6) Yo como

7) Todos corremos

A) el periódico los domingos.

B) correr dentro de casa.

C) café o té.

D) en casa los fines de semana.

E) dejar de fumar.

F) la lección es muy difícil.

G) en el Maratón de Boston.

Ejercicio 8/Exercise 8

Escribe las conjugaciones de "querer." Después, lee las siguientes frases en voz alta en español./Write the conjugations of "querer." Then, say the following sentences in Spanish.

1st singular	Yo	A)
2nd singular	Tú	B)
3rd singular	Él, Ella, Usted	C)
1st plural	Nosotros/Nosotras	D)
2nd plural	Vosotros/Vosotras	E)
3rd plural	Ellos, Ellas, Ustedes	F)

1) I want. _____

2) He doesn't want. _____

3) They don't want. _____

4) We don't want. _____

5) I don't want. _____

6) I want money (dinero). _____

7) I don't want money. _____

8) She wants money._____

9) She doesn't want money. _____

10) They want money. _____

Ejercicio 9/Exercise 9

Conjuga el verbo "querer" según la persona./Conjugate the verb "querer" according to the person.

1) (él) _____

2) (yo) _____

3) (nosotros) _____

4) (ellas) _____

5) (Ud.) _____

6) (tú) _____

7) (vosotros) _____

8) (ellos) _____

9) (Uds.) _____

10) (ella) _____

Ejercicio 10/Exercise 10

Completa el párrafo usando la forma correcta del verbo "querer"./Complete the paragraph using the correct form of the verb "querer".

Mi esposo 1)_____ una casa más grande. Yo no 2)_____ una casa más grande porque yo no necesito mucho espacio. Mi esposo 3)_____ tener muchos perros, por eso él 4)_____ tener un jardín grande. Nuestros hijos también 5)_____ perros y jardín, y 6)_____ una piscina. Mi esposo y yo 7)_____ estar de acuerdo, pero es muy difícil. Yo 8)_____ que ellos sean felices, pero yo no 9)_____ trabajar mucho en una casa muy grande. Si ellos 10)_____ jardín, ellos van a tener que limpiar y trabajar.

CAPÍTULO 6

SECCIÓN 1/SECTION 1

6.1 Vocabulario/Vocabulary

Los Colores/Colors

Verde	Green
Azul	Blue
Amarillo/amarilla	Yellow
Negro/negra	Black
Blanco/blanca	White
Marrón	Brown
Café	Brown
Naranja	Orange
Anaranjado/anaranjada	Orange
Rojo/roja	Red
Gris	Gray
Rosa	Pink
Violeta	Purple
Púrpura	Purple
Morado/morada	Purple

Ejercicio 1/Exercise 1

Traduce a español./Translate to Spanish.

1) Black _____

2) Red _____

3) Grey _____

4) Pink _____

5) Yellow _____

6) Purple _____

7) White _____

8) Orange _____

9) Blue _____

10) Green _____

Ejercicio 2/Exercise 2

Completa con los colores (que el color esté de acuerdo con el sustantivo en el género y el número)./Complete with the colors (be sure that the color agrees with the noun in gender and number).

1) El semáforo (traffic light) tiene tres luces: roja, amarilla y _____.

2) El carbón (coal) es _____.

3) Las cebras (zebras) son _____ y _____.

4) Las zanahorias son _____.

5) Un tomate es _____.

6) Los plátanos son _____.

7) La lechuga es _____.

8) La leche es _____ y el agua no tiene color.

9) Las uvas son típicamente _____.

10) Hace buen tiempo (weather) hoy, el cielo (sky) está _____.

11) Hace mal tiempo hoy, el cielo (sky) está _____.

12) El cerdo (pig) es _____.

13) El chocolate es _____.

14) La berenjena es _____.

Ejercicio 3/Exercise 3

Completa con los colores (cuidado que el color está de acuerdo con el substantivo en el género y el número)./Complete with the colors (be sure that the color agrees with the noun in gender and number).

A mí me gusta caminar por la ciudad porque puedo ver muchos colores diferentes. Las hojas

de los árboles son 1)V_____, los edificios son 2)M_____, y las calles

son 3)G_____. Los días que más me gustan son los días claros, cuando el cielo está

muy 4)A_____, y tiene algunas nubes 5) _____.

También me gusta el cielo en el atardecer, cuando es de color 6)A_____ y

7)R_____.

SECCIÓN 2/SECTION 2

6.2 Lectura/Reading

En El Mercado

Vendedora: Buenos días, señor.

Cliente: Buenos días, señora. ¿Cómo está usted?

Vendedora: Estoy bien gracias, ¿y usted?

Cliente: Muy bien, gracias. ¿Cuánto cuestan los tomates?

Vendedora: Son 100 pesos el kilo, señor.

Cliente: Y, ¿Están frescos?

Vendedora: Claro, recibimos los tomates hoy por la mañana.

Cliente: Excelente, están muy rojos. Yo quiero un kilo y medio por favor.

Vendedora: Sin problema señor. ¿Le gustaría algo más?

Cliente: ¿Tiene usted las espinacas?

Vendedora: Perdón, no tenemos espinacas hoy.

Cliente: ¿A cuánto están los plátanos?

Vendedora: Son 150 pesos el kilo.

Cliente: ¿De dónde son?

Vendedora: Son de mi granja. Están verdes por el momento, pero en unos días van a estar amarillos.

Cliente: Súper, quiero dos kilos, por favor.

Ejercicio 1/Exercise 1

Completa las preguntas de comprensión./Complete the comprehension questions.

1) ¿Dónde se encuentran (meet) las dos personas?

_____

2) ¿Cuál es el precio de los tomates?

_____

3) ¿Cuándo recibe la vendedora (seller) los tomates?

_____

4) ¿La vendedora tiene espinacas?

_____

5) ¿Cuál es el origen de los plátanos?

_____

6) ¿De qué color están los plátanos hoy?

_____

7) ¿Qué compra el cliente de la vendedora?

_____

El Nuevo Compañero De Clase

Luis: Hola, Rosa. ¿Cómo estás?

Rosa: Bien, gracias. ¿Y tú, Luis?

Luis: Bien. Tenemos un nuevo estudiante en clase.

Rosa: ¿Cómo se llama?

Luis: Se llama Daniel.

Rosa: ¿Cómo es él?

Luis: Es rubio, alto, delgado y tiene el pelo largo.

Rosa: ¿Cuántos años tiene?

Luis: Tiene 16 años, como nosotros dos.

Rosa: ¿De dónde es?

Luis: Daniel es de San Juan.

Rosa: ¿Cómo conoces (know) a él?

Luis: Ahora él vive en mi barrio.

Rosa: ¿Por qué está aquí en Santo Domingo?

Luis: Su madre va a ser profesora en la universidad.

Ejercicio 2/Exercise 2

Completa las preguntas de comprensión./Complete the comprehension questions.

1) ¿Cómo se llaman los estudiantes que hablan?

_____

2) ¿Cómo es el nuevo estudiante y cuál es su nombre?

_____

3) ¿Cómo obtiene (obtain) Luis la información sobre (about) Daniel?

_____

4) ¿Por qué vive Daniel en Santo Domigo ahora?

_____

Ejercicio 3/Exercise 3

Traduce las palabras de vocabulario que encontraste en las dos lecturas./Translate the following vocabulary words that you encountered in the two texts.

1) Señor   _____

2) Señora   _____

3) Fresco   _____

4) Medio   _____

5) Nuevo   _____

6) Barrio   _____

7) Universidad   _____

8) Aquí   _____

9) Como   _____

10) Pelo   _____

SECCIÓN 3/SECTION 3

6.3 Gramática/Grammar

Las Contracciones/Contractions

When "a" or "de" precedes the definite article "el", the two words combine to form a contraction.

A + el = al   *"To the" or "at the"*
De + el = del   *"Of the" or "from the"*

Remember the difference between "el" and "él". The pronoun "él" has a written accent and means "he". The definite article "el" does not have a written accent and means "the".

el árbol / *the tree*
él habla / *he speaks*

Only the definite article "el" is contracted. The pronoun "él" is not.

De + la, de + las, de + los, a + la, a + las, and **a + los** are never contracted.

Ejercicio 1/Exercise 1

Completa la frase usando una de las siguientes: "de la", "de las", "de los", or "del"./Complete the sentence using one of the following: "de la", "de las", "de los", or "del".

1) Yo estoy cerca *(near)* _____ casa.

2) Tú estás lejos _____ árbol.

3) Ella está cerca _____ cine.

4) Nosotros estamos cerca _____ niños.

5) Ellas están lejos _____ puerta.

6) Nosotras estamos cerca _____ hospital.

7) Él está lejos _____ perros.

8) Los niños regresan_____ colegio.

9) Los adultos regresan_____ panadería.

Ejercicio 2/Exercise 2

Completa la frase usando una de las siguientes: "a la", "a las", "a los", or "al"./Complete the sentence using one of the following: "a la", "a las", "a los", or "al".

1) Yo voy _____ escuela.

2) Tú vas _____ colegio.

3) Ella mira _____ niños.

4) Ellos terminan _____ siete de la tarde.

5) Ustedes viajan _____ Caribe.

6) Yo llego _____ una de la tarde.

7) Usted va _____ museos con los niños.

8) Todos visitan _____ abuelos.

9) La mujer ama _____ hombre.

Ejercicio 3/Exercise 3

Completa las frases./Complete the sentences.

Example: -¿De dónde vienes tú?

　　　　　-Yo vengo __*de la*__ fiesta.

1) ¿A qué hora llamas _____ profesora?

2) Yo llamo por teléfono por _____ mañana.

3) -¿Los libros son _____ señor Rodríguez?

　- No, son _____ señora García.

4) -¿Tienes que ir _____ clase de ciencias?

　- No, tengo que ir _____ laboratorio.

5) ¿De quién son las gafas? – Las gafas son _____ profesora.

6) ¿De quién es el libro? - El libro es _____ profesor.

7) ¿A quién invita Juan a cenar? Juan invita _____ chica morena.

8) ¿Adónde vas tú? - Yo voy _____ cine.

9) ¿Adónde van ustedes? Nosotros vamos _____ cafetería.

6.4 Gramática/Grammar

Los Adjetivos Posesivos/Possessive Adjectives

In this section, we are going to see the possessive adjectives that go before a noun. In Spanish, they always have to agree in gender and number with the thing being possessed, but only 1st and 2nd person plural have a special feminine form:

Person	Singular	Plural	Meaning
1st person singular	mi	mis	my
2nd person singular	tu	tus	your
3rd person singular	su	sus	his, hers, its, your (formal)
1st person plural	nuestro/nuestra	nuestros/nuestras	our
2nd person plural	vuestro/vuestra	vuestros/vuestras	your (you all, Spain)
3rd person plural	su	sus	their, your (you all)

Examples:

Busco *mi* sombrero.
Ella busca *su* sombrero.
Nuestro perro lleva un sombrero.
Nuestra gata no tiene sombrero.
Mira, tú tienes *tu* dinero y yo tengo *mi* dinero.
Clara y Miguel son muy simpáticos. *Sus* padres son españoles.
Nuestra casa es amarilla.
Vuestra idea es muy buena.

 ## Ejercicio 1/Exercise 1

Elige el adjetivo posesivo correcto./Choose the correct possessive adjective.

1) Me gustan mucho _____ (vuestros/vuestras) cortinas.

2) ¿Cuándo celebra Berta _____ (su/sus) cumpleaños?

3) ¡Ay María querida, _____ (su/tu) cartera es preciosa.

4) _____ (Nuestra/Nuestro) problema es que no tenemos tiempo para divertirnos.

5) Pepe no encuentra _____ (tu/tus) llaves.

6) ¿Dónde están _____ (nuestros/nuestras/nuestro) gatos?

7) Te presento a _____ (mi/mis) madre.

Ejercicio 2/Exercise 2

Completa estas oraciones con el adjetivo posesivo correcto./Complete these sentences with the correct possessive adjective.

1) (yo) _____ casa no tiene jardín.

2) (él) _____ ojos son azules.

3) (nosotras) _____ pelota es nueva.

4) (ellas) _____ novios son agradables.

5) (tú) _____ zapatos están limpios.

6) (ella) _____ pueblo no tiene parque.

7) (vosotras) _____ coche no funciona.

8) (yo) _____ hermano vive en Lugo.

9) (nosotros) _____ madres no vienen.

10) (ellos) _____ pueblo está muy lejos.

11) (ella) _____ respuestas son correctas.

12) (vosotros) _____ tías no llegan.

🔧 Ejercicio 3/Exercise 3

Escribe el adjetivo posesivo correcto./Write the correct possessive adjective.

1) Juan tiene una galleta. Es _____ galleta.

2) Yo tengo una moto. Es _____ moto.

3) Juliana tiene un amigo en Nueva Rochelle, que se llama Diego. Diego es _____ amigo.

4) Tienes un perro. Es _____ perro.

5) Tenéis unas amigas. Son _____ amigas.

6) Tenemos un libro rojo. Es _____ libro.

7) Felipe habla con _____ madre.

8) Sofía, Delfina, Gloria y yo hacemos _____ tareas diarias.

9) Mis amigos tienen tres hijos, son _____ hijos.

10) Tenéis lápices de colores, son _____ lápices.

 6.5 Gramática/Grammar

El Futuro Próximo/Near Future

There are two basic ways of speaking in the future. The first is the future simple tense and is translated as "will" (or "shall") plus an infinitive verb. You will learn this tense later.

An easy way to speak in the future is the near future. In English, it would be "I'm going to run", "You are going to eat".
In Spanish, it is made by using the verb "to go," or in Spanish, "ir". You will conjugate the verb "ir" according to the subject (1), and then add "a"(2), plus an infinitive verb (3):

1   2 3
conjugation of IR (present) + a + infinitive

This form translates as "to be going to do" something.

First let's review the conjugation in the present of the verb "to go" ("ir"):

1st singular	Yo	Voy
2nd singular	Tú	Vas
3rd singular	Él, Ella, Usted	Va
1st plural	Nosotros, Nosotras	Vamos
2nd plural	Vosotros, Vosotras	Vais
3rd plural	Ellos, Ellas, Ustedes	Van

Examples:

Voy a practicar el español.
I'm going to practice Spanish.

Vas a hacer la tarea esta noche.
You're going to do the homework tonight.

Vamos a jugar al voleibol en el parque.
We're going to play volleyball in the park.

La profesora **va a enseñar** una lección.
The professor is going to teach a lesson.

Los estudiantes **van a estudiar** hoy.
The students are going to study today.

Ejercicio 1/Exercise 1

Empareja la frase en inglés con su traducción en español./Match the English sentence with the Spanish translation.

1) They are going to leave soon.

2) He is going to sleep now.

3) They are not going to tell the story.

4) Are we going to play today?

5) I am going to fly tomorrow.

6) Where are you going to go?

7) She is not going to find the truth.

A) Voy a volar mañana.

B) No va a encontrar la verdad.

C) ¿Dónde vas a ir?

D) Van a salir pronto.

E) Va a dormir ahora.

F) No van a contar la historia.

G) ¿Vamos a jugar hoy?

 Ejercicio 2/Exercise 2

Cambia cada frase del presente al futuro próximo./Change each sentence from the present to the near future.

Example: Yo como una hamburguesa. --> Yo voy a comer una hamburguesa.

1) Nosotros empezamos. --> Nosotros _____

2) Paco regresa a España. --> Paco_____ a España.

3) La familia visita la universidad. --> La familia _____ la universidad.

4) Asistes al concierto. --> Tú _____ al concierto.

5) Los atletas corren en el estadio. --> Los atletas _____ en el estadio.

6) Ellos desayunan en la cocina. --> Ellos _____ en la cocina.

7) Yo trabajo en el colegio. --> Yo _____ en el colegio.

8) El hombre viaja en avión. --> El hombre _____ en el avión.

9) Yo voy en tren. --> Yo _____ en tren.

10) Ustedes visitan el museo. --> Ustedes _____ el museo.

Ejercicio 3/Exercise 3

Escribe al menos 6 cosas que vas a hacer el próximo fin de semana./Write at least 6 things you are going to do next weekend.

_____

_____

_____

_____

_____

_____

_____

_____

6.6 Gramática/Grammar

Las Expresiones De Tiempo Futuro Próximo/Near Future Time Expressions

Time expressions are words or phrases that express at what moment or time the action is going to take place. Here is a list of the most common ones:

- Hoy (Today)
- Mañana (Tomorrow)
- Más tarde (Later)
- Esta tarde (This afternoon)
- Esta noche (Tonight)
- El lunes que viene, el próximo lunes (Next Monday, etc.)
- La próxima semana, la semana que viene (Next week)
- El próximo mes, el mes que viene (Next month)
- El próximo año, el año que viene (Next year)
- La próxima clase/reunión/fiesta/etc. (Next class/meeting/party/etc.)
- Dentro de una hora, en una hora (In one hour)
- Mañana por la mañana/tarde/noche (Tomorrow morning/afternoon/night)

Ejercicio 1/Exercise 1

Completa las frases con una expresión temporal adecuada./Complete the sentence with an appropriate time expression.

*Example: Él va a sacar la basura **mañana por la noche**.*

1) Ahora es noviembre, la Navidad va a llegar _____.

2) Ahora no puedo ir, pero voy a ir en 60 minutes; _____.

3) Después de terminar el trabajo a las 6, voy a ver la televisión _____.

4) Este año no corro la maratón, pero _____ voy a correr dos maratones.

5) El miércoles no estoy libre, pero _____ si voy a estar libre.

6) Hoy no tengo tiempo, _____ voy a terminar el proyecto.

7) Esta semana estoy muy ocupada, _____ voy a descansar.

Ejercicio 2/Exercise 2

Traduce las oraciones en futuro próximo usando las expresiones de tiempo./Translate the sentences in the near future using the time expressions.

1) The students are going to travel to Toledo.

_____

2) The apartment is going to be ready tomorrow morning.

_____

3) Lucas and I are going to sell all our furniture*. (*plural in Spanish)

_____

4) Congratulations, Paula! You are going to move next week.

_____

5) My favorite TV show is going to start in two hours.

_____

6) Are you all going to visit Santiago de Chile?

_____

7) - Do you know when José is going to arrive? - He is going to arrive in 15 minutes.

_____

8) I'm going to cook pork with potatoes tonight.

_____

SECCIÓN 4/SECTION 4

 6.7 Rola Respuesta Rápida

Rola Respuesta Rápida/Rola Rapid Response:

In this section, you will work on putting the things that you have learned together.

Verbos –ER: Romper, Meter, Sorprender, Vender, Aprender, Temer

 Ejercicio 1/Exercise 1

Escribe las conjugaciones de "romper" y traduce las frases a español./Write the conjugations of "romper" and translate the sentences to Spanish.

1era. persona singular	Yo	A) Romp--
2nda. persona singular	Tú	B) Romp--
3era. persona singular	Él, Ella, Usted	C) Romp--
1era. persona plural	Nosotros, Nosotras	D) Romp--
2nda. persona plural	Vosotros, Vosotras	E) Romp--
3era. persona plural	Ellos, Ellas, Ustedes	F) Romp--

1) I break the door. _____

2) He breaks the door. _____

3) We don't break the door. _____

4) She breaks the door. _____

5) He doesn't break the door. _____

Ejercicio 2/Exercise 2

Escribe las conjugaciones de "meter" y traduce las frases a español./Write the conjugations of "meter" and translate the sentences to Spanish.

1era. persona singular	Yo	A)
2nda. persona singular	Tú	B)
3era. persona singular	Él, Ella, Usted	C)
1era. persona plural	Nosotros, Nosotras	D)
2nda. persona plural	Vosotros, Vosotras	E)
3era. persona plural	Ellos, Ellas, Ustedes	F)

1) I put the book in the backpack. _____

2) He doesn't put the book in the backpack. _____

3) We don't put the book in the backpack. _____

4) He puts the book in the backpack. _____

5) We put the book in the backpack. _____

Ejercicio 3/Exercise 3

Escribe las conjugaciones de "sorprender" y traduce las frases a español./Write the conjugations of "sorprender" and translate the sentences to Spanish.

1era. persona singular	Yo	A)
2nda. persona singular	Tú	B)
3era. persona singular	Él, Ella, Usted	C)
1era. persona plural	Nosotros, Nosotras	D)
2nda. persona plural	Vosotros, Vosotras	E)
3era. persona plural	Ellos, Ellas, Ustedes	F)

*The verb "sorprender" is followed by the preposition "a".

1) I surprise the mother. _____

2) He surprises the father. _____

3) She doesn't surprise the father. _____

4) They surprise the mother. _____

5) You all don't surprise the sister. _____

Ejercicio 4/Exercise 4

Escribe las conjugaciones de "vender" y traduce las frases a español./Write the conjugations of "vender" and translate the sentences to Spanish.

1era. persona singular	Yo	A)
2nda. persona singular	Tú	B)
3era. persona singular	Él, Ella, Usted	C)
1era. persona plural	Nosotros, Nosotras	D)
2nda. persona plural	Vosotros, Vosotras	E)
3era. persona plural	Ellos, Ellas, Ustedes	F)

1) I sell cars. _____

2) You sell cars. _____

3) He sells cars. _____

4) She doesn't sell cars. _____

5) We sell cars. _____

Ejercicio 5/Exercise 5

Escribe las conjugaciones de "aprender" y traduce las frases a español./Write the conjugations of "aprender" and translate the sentences to Spanish.

1era. persona singular	Yo	A)
2nda. persona singular	Tú	B)
3era. persona singular	Él, Ella, Usted	C)
1era. persona plural	Nosotros, Nosotras	D)
2nda. persona plural	Vosotros, Vosotras	E)
3era. persona plural	Ellos, Ellas, Ustedes	F)

1) I learn English. _____

2) You learn Spanish. _____

3) He learns French. _____

4) She doesn't learn English. _____

5) We learn French. _____

Ejercicio 6/Exercise 6

Traduce a español./Translate to Spanish.

1) We put the books in the backpack (mochila).

_____

2) I break my watch (reloj).

_____

3) I learn Spanish.

_____

4) He fears wild animals (animales salvajes).

_____

5) I put food in the refrigerator (refrigerador).

_____

6) We sell tickets (entradas) at the theater (teatro).

_____

7) My father surprises my mother.

_____

8) We fear snakes (serpientes).

_____

9) They surprise us with a party.

_____

10) You all sell cars.

_____

11) Daniel learns math (matemáticas) at school.

_____

12) You break the door (la puerta).

_____

13) Children don't fear anything (nada).

_____

Ejercicio 7/Exercise 7

Cambia cada frase afirmativa (A) del ejercicio de arriba a las formas negativas (N) e interrogativas (I)./Change each affirmative sentence (A) from the exercise above to the negative (N) and interrogative (I) forms.

Ejemplo:

(A) Yo hago la maleta.

(N) Yo no hago la maleta.

(I) ¿Hago yo la maleta?

1) We put the books in the backpack.

(A)_____

(N)_____

(I)_____

2) I break my watch.

(A)_____

(N)_____

(I)_____

3) He fears wild animals.

(A)_____

(N)_____

(I)_____

4) You all sell cars.

(A)_____

(N)_____

(I)_____

5) You break the door.

(A)_____

(N)_____

(I)_____

CLAVE DE RESPUESTAS / ANSWER KEY

1. Capítulo 1/Chapter 1

1.1 Vocabulario: Saludos y Presentaciones

Ejercicio 1/Exercise 1 (pp.4)

1. Hello
2. Where
3. Tomorrow
4. Thank you
5. Night
6. I
7. Work
8. Goodbye
9. Nice to meet you
10. See you soon

Ejercicio 2/Exercise 2 (pp.4)

1. D
2. C
3. B
4. E
5. A

Ejercicio 3/Exercise 3 (pp.4)

1. Buenos
2. Estás
3. Bien
4. Gracias
5. Encantado
6. Mucho
7. Es
8. Soy
9. Dónde
10. Soy
11. Soy
12. Cuántos
13. Tengo
14. Tengo
15. Años

1.2 Lectura: Me Llamo Eduardo, Me Llamo Erica, Me Llamo Alejandro

Ejercicio 1/Exercise 1 (pp.5)

1. Eduardo Rocha
2. Los Estados Unidos
3. Él no trabaja
4. Boston
5. Sí

Ejercicio 2/Exercise 2 (pp.6)

1. Mexico
2. Student
3. Math
4. Science
5. Geography

Ejercicio 3/Exercise 3 (pp.6)

1. Alejandro es de Argentina.
2. Alejandro trabaja en la universidad.
3. La mejor amiga de Alejandro se llama Amelia.
4. La mejor amiga de Alejandro tiene 30 años

Ejercicio 4/Exercise 4 (pp.7)

Answers will vary.

1.3 Gramática: Las Vocales y El Alfabeto

Pronunciation exercises

1.4 Gramática: Los Pronombres Personales

Ejercicio 1/Exercise 1 (pp.10)

1. They (masculine)
2. I
3. You
4. You all
5. He
6. She
7. They (feminine)
8. We (masculine)
9. You (formal)
10. We (feminine)
11. You all (Spain/feminine)
12. You all (Spain/masculine)

Ejercicio 2/Exercise 2 (pp.10)

1. Ustedes
2. Usted
3. Yo
4. Ella
5. Nosotros
6. Ellas
7. Él
8. Usted
9. Vosotros
10. Nosotras
11. Vosotras
12. Ellos

CLAVE DE RESPUESTAS / ANSWER KEY

Ejercicio 3/Exercise 3 (pp.11)

1. C
2. A
3. D
4. B
5. E
6. G
7. H
8. F

1.5 Gramática: Los Artículos Definidos
Ejercicio 1/Exercise 1 (pp.12)

1. A
2. F
3. D
4. B
5. C
6. E

1.6 Gramática: El Género
Ejercicio 1/Exercise 1 (pp.13)

1. Chico
2. Montaña
3. Niño
4. Escuela
5. Novela
6. Cocina
7. Libro

Ejercicio 2/Exercise 2 (pp.13)

1. M
2. F
3. F
4. M
5. M
6. F
7. M
8. M
9. F
10. M

Ejercicio 3/Exercise 3 (pp.14)

1. El
2. La
3. El
4. El
5. El
6. El

7. La
8. El
9. La
10. La
11. El
12. La
13. La
14. El
15. El

Ejercicio 4/Exercise 4 (pp.14)

1. La / el / las / la
2. El / la / la
3. Los / las / las
4. La / el / el
5. El / el / la / el / la / el
6. Los / las / los / las / la

1.7 Rola Respuesta Rápida
Ejercicio 1/Exercise 1 (pp.15)

1. Yo soy de México.
2. Yo soy Eduardo.
3. Yo soy de Guatemala.
4. Yo soy Alejandro.
5. Yo no soy de Argentina.
6. Yo no soy Lucía.
7. Yo no soy de los Estados Unidos.
8. Yo no soy de Guatemala.
9. Yo soy Juan.
10. Yo no soy Erica.

Ejercicio 2/Exercise 2 (pp.16)

1. Él es de México.
2. Él es Eduardo.
3. Ella es de Guatemala.
4. Ella es Erica.
5. Él no es de Argentina.
6. Ella no es Lucía.
7. Él es de los Estados Unidos.
8. Ella no es de Guatemala.
9. Él es Juan.
10. Ella no es Erica.

Ejercicio 3/Exercise 3 (pp.16)

1. Yo estudio inglés.
2. Yo no estudio matemáticas.
3. Yo estudio español.
4. Yo no estudio geografía.

CLAVE DE RESPUESTAS / ANSWER KEY

5. Yo no estudio inglés.

6. Yo no estudio español.

7. Yo estudio matemáticas.

8. Yo estudio geografía y español.

9. Yo no estudio español e inglés.

10. Yo estudio matemáticas, español, inglés, y geografía.

Ejercicio 4/Exercise 4 (pp.17)

1. Él estudia inglés.
2. Él no estudia matemáticas.
3. Ella estudia español.
4. Ella no estudia geografía.
5. Él no estudia inglés.
6. Ella no estudia español.
7. Él estudia matemáticas.
8. Ella estudia geografía y español.
9. Él no estudia español e inglés.
10. Ella estudia matemáticas, español, inglés e geografía.

Ejercicio 5/Exercise 5 (pp.17)

1. Yo estoy bien.
2. Yo no estoy muy bien.
3. Yo estoy mal. Yo no estoy mal.
4. Yo estoy así, así.
5. Yo estoy fantástico.
6. Yo no estoy fantástico.
7. Yo estoy muy bien.
8. Yo no estoy así, así.
9. Yo no estoy bien.

Ejercicio 6/Exercise 6 (pp.18)

1. Él está bien.
2. Ella no está muy bien.
3. Él está mal.
4. Él no está mal.
5. Ella está fantástica.
6. Él está así, así.
7. Ella no está muy bien.
8. Ella está así, así.
9. Él no está fantástico.
10. Ella no está bien.

2. Capítulo 2/Chapter 2

2.1 Vocabulario: Las Profesiones

Ejercicio 1/Exercise 1 (pp.20)

1. El agricultor
2. La camarera
3. La cocinera
4. El bombero
5. La jardinera
6. El cartero
7. La profesora
8. El mecánico
9. El conductor
10. La doctora
11. La policía
12. El pintor

Ejercicio 2/Exercise 2 (pp.21)

1. La agricultura
2. El jardinero
3. La cartera
4. El cocinero
5. La mecánica
6. El abogado
7. La enfermera
8. El profesor
9. La pintora
10. La médica
11. El policía
12. El conductor
13. La bombera
14. El camarero

Ejercicio 3/Exercise 3 (pp.21)

1. N
2. M
3. K
4. I
5. G
6. E
7. C
8. A
9. B
10. D
11. F
12. H
13. J
14. L

CLAVE DE RESPUESTAS / ANSWER KEY

Ejercicio 4/Exercise 4 (pp.22)

1. The garden
2. The kitchen
3. Medicine
4. Letters
5. Law
6. Painting
7. Agriculture (farming)

Ejercicio 5/Exercise 5 (pp.22)

1. To cure/heal
2. To clean
3. To work
4. To prepare
5. To pay
6. To paint
7. To cultivate/farm
8. To turn in/give/deliver
9. To help
10. To drive/manage

2.2 Lectura: En El Trabajo

Ejercicio 1/Exercise 1 (pp.23)

1. La jefa de la compañía es Dolores.
2. Ellos trabajan en una oficina.
3. Después por la tarde, Dolores prepara las reuniones con los socios de la compañía.
4. El socio se llama Rafael.
5. Dolores es una mujer muy inteligente e interesante.
6. Sí, los trabajadores de la compañía están contentos.

2.3 Gramática: Singular y Plural

Ejercicio 1/Exercise 1 (pp.24)

1. Los estudiantes
2. Las muchachas
3. Los lápices
4. Las palabras
5. Las luces
6. Los años
7. Las noches
8. Las tardes
9. Los hospitales
10. Las madres

2.4 Gramática: El Infinitivo

Ejercicio 1/Exercise 1 (pp.25)

1. Bailar
2. Correr
3. Dar
4. Ver

Ejercicio 2/Exercise 2 (pp.25)

1. Hablar
2. Preguntar
3. Apagar
4. Preparar
5. Subrayar
6. Respirar
7. Caminar

Ejercicio 3/Exercise 3 (pp.26)

1. Correr
2. Saber
3. Comer
4. Tener
5. Poder
6. Aprender
7. Poner

Ejercicio 4/Exercise 4 (pp.26)

1. Escribir
2. Corregir
3. Decir
4. Vestir
5. Vivir
6. Construir
7. Abrir

Ejercicio 5/Exercise 5 (pp.26)

1. Pensar
2. Hacer
3. Manejar/conducir
4. Trabajar
5. Escuchar
6. Dormir
7. Organizar
8. Leer
9. Perder
10. Necesitar
11. Hablar
12. Cambiar

CLAVE DE RESPUESTAS / ANSWER KEY

2.5 Gramática: El Verbo "Ser"
Ejercicio 1/Exercise 1 (pp.27)

1. Él, ella, usted
2. Yo
3. Ellos, ellas, ustedes
4. Nosotros
5. Ellos, ellas, ustedes
6. Él, ella, usted
7. Tú
8. Yo
9. Nosotros/as
10. Tú

Ejercicio 2/Exercise 2 (pp.28)

1. Soy
2. Eres
3. Es
4. Es
5. Somos
6. Son
7. Son
8. Es
9. Es
10. Son

Ejercicio 3/Exercise 3 (pp.28)

1. Es
2. Es
3. Son
4. Es
5. Es
6. Es
7. Es
8. Es

Ejercicio 4/Exercise 4 (pp.28)

1. Happy
2. Tall
3. November
4. Friend
5. Smart
6. Brothers
7. Sisters
8. Doctor
9. Father
10. Time/hour

2.6 Gramática: Rola Respuesta Rápida
Ejercicio 1/Exercise 1 (pp.29)

1. Yo soy aburrido/aburrida.
2. Tú eres serio/seria.
3. Ella es aburrida.
4. Él es inteligente.
5. Yo soy inteligente.
6. Ellos son estúpidos.
7. Él es alto.
8. Ella es alta.
9. Nosotros no somos estúpidos.
10. Vosotros sois inteligentes.

Ejercicio 2/Exercise 2 (pp.30)

1. Ella es mi amiga.
2. Él no es mi amigo.
3. Nosotros somos hermanos.
4. Ellos son padres.
5. Él es tu padre.
6. Ella es tu madre.
7. Ellos son amigos.
8. Nosotros somos madres.
9. Ella es una hermana.
10. Nosotros somos hermanas.

Ejercicio 3/Exercise 3 (pp.31)

1. Ella es profesora.
2. Ellos son estudiantes.
3. Él es autor.
4. Nosotros somos actores.
5. Ella es estudiante.
6. Yo soy cantante.
7. Ellos no son autores.
8. Vosotros no sois médicos.
9. Tú eres cantante.
10. Yo soy profesor.

3. Capítulo 3/Chapter 3
3.1 Vocabulario: Los Vegetales y Las Frutas
Ejercicio 1/Exercise 1 (pp.33)

1. La banana, el plátano
2. La berenjena
3. La cebolla
4. La cereza
5. Los champiñones

CLAVE DE RESPUESTAS / ANSWER KEY

6. La coliflor

7. La manzana

8. La zanahoria

9. Las uvas

10. El pimiento

11. La naranja

12. La lechuga

13. El tomate

14. La sandía

15. El aguacate

16. La pera

Ejercicio 2/Exercise 2 (pp.34)

Answers will vary.

3.2 Lectura: En El Supermercado

Ejercicio 1/Exercise 1 (pp.35)

1. Lo más importante son los vegetales.

2. El vegetal que no le gusta es la coliflor.

3. Sus frutas favoritas son las manzanas, las bananas y las peras.

4. Elisa compra las calabazas.

5. A Elisa le gustan solamente las naranjas.

3.3 Gramática: Los Artículos Indefinidos

Ejercicio 1/Exercise 1 (pp.36)

1. Un

2. Unas

3. Una

4. Unos

5. Una

6. Unos

7. Una

8. Unas

9. Una

10. Unos

Ejercicio 2/Exercise 2 (pp.38)

1. Él quiere leer una novela.

2. Ellos van a comprar un coche.

3. Juan tiene una maleta.

4. Allá vemos un monumento antiguo.

5. Ellos quieren ir a una biblioteca.

6. El señor manda un paquete.

7. Recibimos una carta.

8. El autor escribe un poema.

9. Vamos a pasar por allí por una tarde.

10. Ellos quieren comprar un disco.

Ejercicio 3/Exercise 3 (pp.37)

1. D

2. D

3. I

4. I

5. D

6. I

7. D

8. D

9. I

10. I

3.4 Gramática: El Verbo "Estar"

Ejercicio 1/Exercise 1 (pp.38)

1. I am

2. María is

3. We are

4. María and Juan are

5. We and they are

6. I am not

7. You are

8. They are

9. You are not

10. We are not

Ejercicio 2/Exercise 2 (pp.39)

1. Estás

2. Están

3. Está

4. Está   estoy

5. Estoy

6. Está   está

7. Está

8. Está está

Ejercicio 3/Exercise 3 (pp.39)

1. A) Está   B) está   C) están

2. A) Están   B) estoy   C) está

3. A) Está   B) está

Ejercicio 4/Exercise 4 (pp.39)

Answers will vary.

Ejercicio 5/Exercise 5 (pp.40)

1. Yo estoy enfermo.

2. Tú estás enfadado.

3. Ellos están tristes.

4. Ella está aburrida.

5. Ellos están contentos.

CLAVE DE RESPUESTAS / ANSWER KEY

6. Yo estoy en la clase de español ahora.
7. Ellos están en Francia.
8. Bogotá está en Colombia.
9. Él está en California.
10. Ellos están en la tienda.
11. Malden está norte de Boston.
12. Yo estoy en el avión.

3.5 Gramática: El Presente Verbos " -AR"

Ejercicio 1/Exercise 1 (pp.42)

1. To work
2. To study
3. To help
4. To speak
5. To ask
6. To walk
7. To travel

Ejercicio 2/Exercise 2 (pp.42)

1. A) Canto, B) cantas, C) canta, D) cantamos, E) cantáis, F) cantan
2. A) Miro, B) miras, C) mira, D) miramos, E) miráis, F) miran
3. A) Llevo, B) llevas, C) lleva, D) llevamos, E) lleváis, F) llevan

Ejercicio 3/Exercise 3 (pp.43)

1. CV
2. I
3. I
4. CV
5. I
6. I
7. CV
8. CV
9. I
10. CV

Ejercicio 4/Exercise 4 (pp.43)

1. Limpiamos
2. Camina
3. Estudiamos
4. Viajo
5. Hablamos
6. Preguntan
7. Trabajáis
8. Maneja
9. Arreglamos

10. Llevas
11. Prepara

Ejercicio 5/Exercise 5 (pp.44)

1. Viajamos
2. Caminamos
3. Hablo   hablo
4. Pregunta
5. Ayudo
6. Manejan
7. Arregla
8. Trabajáis
9. Estudia
10. Vigilan

3.6 Vocabulario: Los Números del 1-20

Ejercicio 1/Exercise 1 (pp.45)

Oral exercise

Ejercicio 2/Exercise 2 (pp.45)

1. QUINCE
2. OCHO
3. TRECE
4. UNO
5. TRES
6. CATORCE
7. SEIS
8. VEINTE
9. CINCO
10. DOS
11. DIEZ
12. CUATRO

Ejercicio 3/Exercise 3 (pp.45)

1. Cuatro por cinco son veinte.
2. Siete por dos son catorce.
3. Tres por tres son nueve.
4. Dos por seis son doce.
5. Tres por seis son dieciocho.
6. Dos por cinco son diez.
7. Dos por dos son cuatro.
8. Cinco por tres son quince.
9. Cuatro por cuatro son dieciséis.

3.7 Rola Respuesta Rápida

Ejercicio 1/Exercise 1 (pp.46)

1. *Answers may vary.*
2. *Answers may vary.*
3. *Answers may vary.*

CLAVE DE RESPUESTAS / ANSWER KEY

Ejercicio 2/Exercise 2 (pp.47)

1. Yo estudio español.
2. Ella estudia inglés.
3. Ellos no estudian francés.
4. Nosotros estudiamos español.
5. Ella estudia portugués.
6. Yo no estudio francés.
7. Ella no estudia inglés.
8. Nosotros estudiamos español.
9. Ella no estudia chino.
10. Él estudia alemán.

Ejercicio 3/Exercise 3 (pp.47)

1. Yo viajo a China.
2. Ella viaja a España.
3. Ellos no viajan a Alemania.
4. Nosotros viajamos a Inglaterra.
5. Él viaja a Brasil.
6. Yo no viajo a Francia.
7. Ella no viaja a Alemania.
8. Nosotros no viajamos a China.
9. Ella viaja a Alemania.
10. Él viaja a España.

Ejercicio 4/Exercise 4 (pp.48)

1. Yo hablo español.
2. Yo no hablo francés.
3. Nosotros cantamos en la fiesta.
4. Nosotros no cantamos ahora.
5. Tú estudias matemáticas.
6. Tú no estudias geografía.
7. Él limpia la casa.
8. Él no limpia la biblioteca.
9. Ellos viajan mucho.
10. Ellos no viajan hoy.

Ejercicio 5/Exercise 5 (pp.48)

1. Trabaja
2. Ayudas
3. Llevamos
4. Pregunto
5. Hablan
6. Doblan
7. Estudiáis
8. Viaja
9. Canto
10. Camina

4. Capítulo 4/Chapter 4

4.1 Vocabulario: Las Descripciones Físicas Con Ser

Ejercicio 1/Exercise 1 (pp.50)

1. Pelo largo
2. Mujer morena
3. Hombres rubios
4. Hombre joven
5. Bebé pequeño
6. Hombre viejo
7. Niño gordo
8. Niña fuerte
9. Perros feos
10. Ojos grandes
11. Mujer delgada
12. Pelo corto
13. Bebé rubio

Ejercicio 2/Exercise 2 (pp.50)

1. Rubia
2. Viejo
3. Largo
4. Débil
5. Pequeño
6. Guapas
7. Delgada

Ejercicio 3/Exercise 3 (pp.50)

Answers will vary.

4.2 Lectura: En La Recepción

Ejercicio 1/Exercise 1 (pp.51)

1. La mujer se llama Erica Martínez.
2. Su número de teléfono es 617-555-9380.
3. Su número de tarjeta de crédito es 8181 7375 346 6712.
4. Su habitación es el número 481.
5. La habitación está en el piso número 4.

4.3 Vocabulario: Los Días de la Semana

Ejercicio 1/Exercise 1 (pp.52)

1. miércoles
2. sábado
3. martes
4. jueves
5. lunes
6. viernes
7. domingo

CLAVE DE RESPUESTAS / ANSWER KEY

Ejercicio 2/ Exercise 2 (pp.52)

1. viernes   miércoles
2. miércoles   lunes
3. martes   domingo
4. lunes   sábado
5. jueves   martes
6. domingo   viernes
7. sábado   jueves

4.4 Vocabulario: Los Meses del Año

Ejercicio 1/Exercise 1 (pp.53)

1. marzo
2. abril
3. mayo
4. junio
5. julio
6. agosto
7. septiembre
8. octubre
9. noviembre
10. diciembre
11. enero
12. febrero

Ejercicio 2/Exercise 2 (pp.54)

1. *Answers will vary.*
2. julio
3. septiembre
4. junio
5. noviembre
6. abril
7. *Answers will vary.*
8. *Answers will vary.*
9. *Answers will vary.*

4.5 Gramática: El Presente Verbos "-ER"

Ejercicio 1/Exercise 1 (pp. 55)

1. A) Leo, B) lees, C) lee, D) leemos, E) leéis, F) leen
2. A) Corro, B) corres, C) corre, D) corremos, E) corréis, F) corren
3. A) Vendo, B) vendes, C) vende, D) vendemos, E) vendéis, F) venden
4. A) Como, B) comes, C) come, D) comemos, E) coméis, F) comen
5. A) Aprendo, B) aprendes, C) aprende, D) aprendemos, E) aprendéis, F) aprenden
6. A) Creo, B) crees, C) cree, D) creemos, E) creéis, F) creen
7. A) Debo, B) debes, C) debe, D) debemos, E) debéis, F) deben
8. A) Comprendo, B) comprendes, C) comprende, D) comprendemos, E) comprendéis, F) comprenden

Ejercicio 2/Exercise 2 (pp.57)

1. Lee
2. Bebéis
3. Leo
4. Aprendemos
5. Come
6. Vendes
7. Comes
8. Comprendo
9. Veis
10. Aprenden
11. Leemos
12. Cree
13. Bebo

4.6 Vocabulario: Los Números del 20-100

Ejercicio 1/Exercise 1 (pp.58)

1. Veintiuno
2. Veinticuatro
3. Veintiséis
4. Veintiocho
5. Veinte
6. Veintinueve
7. Treinta y nueve
8. Treinta y ocho
9. Treinta y cinco
10. Treinta y uno
11. Treinta y siete
12. Treinta y tres
13. Cuarenta y tres
14. Cuarenta y siete
15. Cuarenta
16. Cuarenta y uno
17. Cincuenta y ocho
18. Cincuenta y seis
19. Sesenta y uno
20. Sesenta y siete
21. Setenta y cinco
22. Setenta y nueve
23. Ochenta y cuatro

CLAVE DE RESPUESTAS / ANSWER KEY

24. Ochenta
25. Noventa
26. Noventa y uno
27. Noventa y ocho
28. Noventa y nueve
29. Noventa y seis
30. Noventa y cinco

Ejercicio 2/Exercise 2 (pp. 59)

1. Cincuenta
2. Cien
3. Sesenta
4. Sesenta
5. Ochenta
6. Treinta y cinco

Ejercicio 3/Exercise 3 (pp.59)

1. Veinte y nueve
2. Cincuenta y dos
3. Noventa y cinco
4. Diez y siete
5. Cuarenta y tres
6. Ochenta y cuatro
7. Sesenta
8. Treinta y tres
9. Setenta y uno
10. Cien

4.7 Rola Respuesta Rápida

Ejercicio 1/Exercise 1 (pp.60)

1. Es
2. Eres
3. Estoy
4. Son
5. Son
6. Son
7. Estamos
8. Son
9. Estamos
10. Son

Ejercicio 2/Exercise 2 (pp.60)

1. Cómo estás
2. Y tú
3. Muy
4. Es
5. Soy
6. Trabajo

7. Soy
8. Eres
9. Soy
10. Es
11. Estoy
12. Estoy

Ejercicio 3/Exercise 3 (pp.61)

1. Ella es rubia y baja.
2. Ellas son jóvenes y guapas.
3. Él es débil y pequeño.
4. Ustedes tienen pelo largo.
5. Ellos son altos y delgados.
6. Yo no soy viejo.
7. Nosotras no somos gordas.
8. Él es guapo.
9. Él y yo somos fuertes.
10. Los perros son grandes.

Ejercicio 4/Exercise 4 (pp.61)

1. Ellas son naranjas pequeñas.
2. Él compra unas cebollas.
3. Nosotros miramos cuatro zanahorias.
4. Tú no llevas unas cerezas.
5. Yo hablo de frutas y vegetales.
6. Las piñas no son grandes.
7. Ustedes caminan por las sandías.
8. Ella prepara los pimientos.
9. Usted pregunta sobre las manzanas.
10. Vosotros no lleváis espinacas y brócoli.

Ejercicio 5/Exercise 5 (pp.62)

1. Yo canto en el club.
2. Tú no cantas en la ducha.
3. Usted canta la canción.
4. Ella canta el himno.
5. Nosotros no cantamos con amigos.
6. Él no canta en la fiesta.
7. Nosotros cantamos la canción.
8. Ustedes cantan en la fiesta.
9. Ellos no cantan la canción.
10. Ellos cantan en la ducha.

Ejercicio 6/Exercise 6 (pp.62)

1. Yo llego a la clase.
2. Tú no llegas a la fiesta.
3. Tú llegas al restaurante.

4. Ella llega pronto.

5. Él no llega tarde.

6. Nosotros llegamos a casa.

7. Vosotros llegáis tarde a la fiesta.

8. Ellos llegan a casa pronto.

9. Nosotros no llegamos al restaurante.

10. Ustedes llegan tarde.

Ejercicio 7/Exercise 7 (pp.63)

1. Yo vendo el coche.

2. Yo no vendo la casa.

3. Tú vendes las flores.

4. Ella vende las flores.

5. Yo no vendo la comida.

6. Él vende las bebidas.

7. Nosotros no vendemos las computadoras.

8. Ellos venden la comida.

9. Ustedes venden las bebidas.

10. Vosotros vendéis la casa.

Ejercicio 8/Exercise 8 (pp.64)

1. Yo temo a las arañas.

2. Yo no temo al futuro.

3. Tú temes a los fantasmas.

4. Ella teme a los payasos.

5. Él no teme a las alturas.

6. Usted teme a la oscuridad.

7. Nosotros tememos al futuro.

8. Ustedes temen a las arañas.

9. Ellos temen a las alturas.

10. Ellos no temen a los fantasmas.

5. Capítulo 5/Chapter 5

5.1 Vocabulario: Los Animales

Ejercicio 1/Exercise 1 (pp.66)

Answers may vary.

Ejercicio 2/Exercise 2 (pp.66)

El granjero tiene gallinas, cerdos, un perro, una vaca, un gato, un conejo, un pato y una tortuga.

5.2 Lectura: En El Zoo

Ejercicio 1/Exercise 1 (pp.67)

1. Los niños ven tigres, osos, y leones.

2. Las jirafas comen.

3. Cuando regresan a la escuela, los niños van a crear un dibujo con todos los animales del zoo.

4. *Answers will vary.*

5.3 Gramática: El Presente Verbos "-IR"

Ejercicio 1/Exercise 1 (pp.68)

1. A) abro, B) abres, C) abre

2. D) escribimos, E) escribís, F) escriben

3. A) describo, B) describes, C) describes, D) describimos, E) describís, F) describen

Ejercicio 2/Exercise 2 (pp.69)

1. Sube

2. Sufro

3. Suben

4. Discuten

5. Asiste

6. Permiten

7. Vive

8. Permitimos

9. Admite

10. Vivo

11. Descubre

12. Abro abre

13. Describes

14. Discute

5.4 Vocabulario: Las Partículas Interrogativas

Ejercicio 1/Exercise 1 (pp.71)

1. Who

2. Where

3. How

4. When

5. Why

6. What

7. Which

8. How many

Ejercicio 2/Exercise 2 (pp.71)

1. You are

2. Languages

3. You speak

4. Birthday

5. You live

6. You study

7. House

8. Sport

9. Ice cream

10. Years

11. You have

12. Costs

Ejercicio 3/Exercise 3 (pp.72)

1. Who is the teacher?
2. Where is the student?
3. Why are you in Mexico?
4. When is the class?
5. How old are you?
6. Who is a teacher?
7. How are you?
8. How much does the house cost?
9. Where are you from?
10. What sport do you practice? (What sport do you play?)

Ejercicio 4Exercise 4 (pp.72)

1. Qué
2. Cuánto
3. Quién
4. A quién
5. Cómo
6. Quiénes
7. Quién

5.5 Gramática: Los Verbos Irregulares "Ir" y "Querer"

Ejercicio 1/Exercise 1 (pp.73)

1. Va
2. Van
3. Va
4. Van
5. Va
6. Van
7. Vas
8. Vas

Ejercicio 2/Exercise 2 (pp.74)

1. Quieres
2. Quiero
3. Queréis
4. Queremos
5. Quiere
6. Quiere
7. Quiere
8. Quiero
9. Queren
10. Queremos

Ejercicio 3/Exercise 3 (pp.74)

Answers will vary.

5.6 Rola Respuesta Rápida

Ejercicio 1/Exercise 1 (pp.75)

1. Yo comprendo.
2. Yo no comprendo.
3. Ella comprende.
4. Ellos comprenden.
5. Nosotros no comprendemos.
6. Yo comprendo un poco.
7. Nosotros comprendemos un poco.
8. Nosotros no comprendemos un poco.
9. Ella comprende un poco.
10. Ella no comprende un poco.

Ejercicio 2/Exercise 2 (pp.76)

Conjugation: A) bebo, B) bebes, C) bebe, D) bebemos, E) bebéis, F) beben

1. Yo bebo agua.
2. Yo no bebo agua.
3. Ellos beben jugo.
4. Ella bebe leche.
5. Nosotros bebemos jugo.
6. Tú no bebes agua.
7. Ellos no beben jugo.
8. Ella no bebe leche.
9. Él bebe agua.
10. Él no bebe leche.

Ejercicio 3/Exercise 3 (pp.76)

Conjugation: A) asisto, B) asistes, C) asiste, D) asistimos, E) asistís, F) asisten

1. Yo asisto al congreso.
2. Yo no asisto a la reunión.
3. Tú asistes al teatro.
4. Ella asiste al espectáculo.
5. Él no asiste a la reunión.
6. Usted asiste a la universidad.
7. Nosotros asistimos al espectáculo.
8. Vosotros asistís al concierto.
9. Ellos asisten al congreso.
10. Ellos no asisten al teatro.

Ejercicio 4/Exercise 4 (pp.77)

Conjugation: A) decido, B) decides, C) decide, D) decidimos, E) decidís, F) deciden

1. Yo decido.

CLAVE DE RESPUESTAS / ANSWER KEY

2. Él decide.

3. Ella decide.

4. Ustedes deciden.

5. Ellos deciden.

6. Ella decide rápidamente.

7. Ella no decide rápidamente.

8. Él decide rápidamente.

9. Nosotros no decidimos rápidamente.

10. Yo decido rápidamente.

Ejercicio 5/Exercise 5 (pp.77)

Conjugation: A) creo, B) crees, C) cree, D) creemos, E) créis, F) creen

1. Él cree.

2. Él no cree.

3. Ellos creen.

4. Yo creo.

5. Nosotros no creemos.

6. Ella cree en Dios.

7. Yo creo en Dios.

8. Tú no crees en Dios.

9. Ellos creen en Dios.

10. Él no cree en Dios.

Ejercicio 6/Exercise 6 (pp.78)

1. Yo bebo agua.

2. Ella bebe leche.

3. Tú comes comida.

4. Ellos no comen comida.

5. Nosotros comprendemos español.

6. Yo no comprendo inglés.

7. Ustedes creen todo.

8. Él corre rápidamente.

9. Ellos deben beber.

10. Él no debe comer.

11. Yo leo muchos libros.

12. Él no lee libros.

13. Yo prometo.

14. Nosotros prometemos más dinero.

15. Ellos beben cerveza.

Ejercicio 7/Exercise 7 (pp.78)

1. C

2. F

3. A

4. E

5. B

6. D

7. G

Ejercicio 8/Exercise 8 (pp.79)

Conjugation: A) quiero, B) quieres, C) quiere, D) queremos, E) queréis, F) quieren

1. Yo quiero.

2. Él no quiere.

3. Ellos no quieren.

4. Nosotros no queremos.

5. Yo no quiero.

6. Yo quiero dinero.

7. Yo no quiero dinero.

8. Ella quiere dinero.

9. Ella no quiere dinero.

10. Ellos quieren dinero.

Ejercicio 9/Exercise 9 (pp.79)

1. Quiere

2. Quiero

3. Queremos

4. Quieren

5. Quiere

6. Quieres

7. Queréis

8. Quieren

9. Quieren

10. Quiere

Ejercicio 10/Exercise 10 (pp.80)

1. Quiere

2. Quiero

3. Quiere

4. Quiere

5. Quieren

6. Quieren

7. Queremos

8. Quiero

9. Quiero

10. Quieren

6. Capítulo 6/Chapter 6

6.1 Vocabulario: Los Colores

Ejercicio 1/Exercise 1 (pp.81)

1. Negro

2. Rojo

3. Gris

CLAVE DE RESPUESTAS / ANSWER KEY

4. Rosa

5. Amarillo

6. Violeta, púrpura, morado

7. Blanco

8. Naranja, anaranjado

9. Azul

10. Verde

Ejercicio 2/Exercise 2 (pp.82)

1. Verde

2. Negro

3. Negras y blancas

4. Naranjas, anaranjadas

5. Rojo

6. Amarillos

7. Verde

8. Blanca

9. Rojas, verdes

10. Azul

11. Gris

12. Rosa

13. Marrón, café

14. Violeta, púrpura, morada

Ejercicio 3/Exercise 3 (pp.82)

1. Verdes

2. Marrones

3. Grises

4. Azul

5. Blancas

6. Amarillo

7. Rojo

6.2 Lectura: En El Mercado, El Nuevo Estudiante

Ejercicio 1/Exercise 1 (pp.83)

1. Las dos personas se encuentran en el mercado.

2. Los tomates cuestan 100 pesos el kilo.

3. La vendedora recibe los tomates hoy por la mañana.

4. No, la vendedora no tiene espinacas.

5. Los plátanos son de la granja de la vendedora.

6. Los plátanos están verdes hoy.

7. El cliente compra un kilo y medio de tomates y dos kilos de plátanos.

Ejercicio 2/Exercise 2 (pp.84)

1. Los estudiantes se llaman Rosa y Luis.

2. El nuevo estudiante es alto, rubio, delgado con pelo largo y su nombre es Daniel.

3. Daniel vive en el barrio de Luis ahora.

4. Su madre va a ser profesora en la universidad.

Ejercicio 3/Exercise 3 (pp.85)

1. Mr.

2. Mrs.

3. Fresh

4. Half

5. New

6. Neighborhood

7. University

8. Here

9. Like

10. Hair

6.3 Gramática: Las Contracciones

Ejercicio 1/Exercise 1 (pp.86)

1. De la

2. Del

3. Del

4. De los

5. De la

6. Del

7. De los

8. Del

9. De la

Ejercicio 2/Exercise 2 (pp.86)

1. A la

2. Al

3. A los

4. A las

5. Al

6. A la

7. A los

8. A los

9. Al

Ejercicio 3/Exercise 3 (pp.87)

1. A la

2. La

3. Del   de la

4. A la   al

5. De la

6. Del

7. A la

CLAVE DE RESPUESTAS / ANSWER KEY

8. Al

9. A la

6.4 Gramática: Los Adjetivos Posesivos

Ejercicio 1/Exercise 1 (pp.88)

1. Vuestras
2. Su
3. Tu
4. Nuestro
5. Tus
6. Nuestros
7. Mi

Ejercicio 2/Exercise 2 (pp.88)

1. Mi
2. Sus
3. Nuestra
4. Sus
5. Tus
6. Su
7. Vuestro
8. Mi
9. Nuestras
10. Su
11. Sus
12. Vuestras

Ejercicio 3/Exercise 3 (pp.79)

1. Su
2. Mi
3. Su
4. Tu
5. Vuestras
6. Nuestro
7. Su
8. Nuestras
9. Sus
10. Vuestros

6.5 Gramática: El Futuro Próximo

Ejercicio 1/Exercise 1 (pp.91)

1. D
2. E
3. F
4. G
5. A
6. C
7. B

Ejercicio 2/Exercise 2 (pp.91)

1. Nosotros vamos a empezar.
2. Paco va a regresar a España.
3. La familia va a visitar la universidad.
4. Tú vas a asistir al concierto.
5. Los atletas van a correr en el estadio.
6. Ellos van a desayunar en la cocina.
7. Yo voy a trabajar en el colegio.
8. El hombre va a viajar en el avión.
9. Yo voy a ir en tren.
10. Ustedes van a visitar el museo.

Ejercicio 3/Exercise 3 (pp.92)

Answers will vary.

6.6 Gramática: Las Expresiones de Tiempo Futuro Próximo

Ejercicio 1/Exercise 1 (pp.93)

1. El próximo mes, el mes que viene
2. Dentro de una hora, en una hora
3. Esta noche
4. El próximo año, el año que viene
5. El próximo miércoles, el miércoles que viene
6. Mañana La próxima semana, la semana que viene

Ejercicio 2/Exercise 2 (pp.93)

1. Los estudiantes van a viajar a Toledo.
2. El apartamento va a estar listo mañana por la mañana.
3. Lucas y yo vamos a vender todos nuestros muebles.
4. ¡Felicidades, Paula! Tú vas a mudar la próxima semana (la semana que viene).
5. Mi programa de televisión favorito va a comenzar en dos horas.
6. ¿Van ustedes a visitar Santiago de Chile?
7. -¿Sabes tú cuándo José va a llegar? - Él va a llegar en quince minutos.
8. Voy a cocinar carne de cerdo con papas esta noche.

6.7 Rola Respuesta Rápida

Ejercicio 1/Exercise 1 (pp.94)

Conjugation: A) rompo, B) rompes, C) rompe, D) rompemos, E) rompéis, F) rompen.

1. Yo rompo la puerta.
2. Él rompe la puerta.

CPSIA information can be obtained
at www.ICGtesting.com
Printed in the USA
BVHW012131271020
591816BV00022B/1597